中国银行业
不良贷款的形成发展：
基于经济转型的应用研究

高 鹤 赵静宜·著

BANK

吉林出版集团股份有限公司

图书在版编目（CIP）数据

中国银行业不良贷款的形成发展：基于经济转型的
应用研究 / 高鹤，赵静宜著. -- 长春：吉林出版集团
股份有限公司，2015.12（2025.4重印）

ISBN 978 - 7 - 5534 - 9803 - 4

Ⅰ.①中… Ⅱ.①高… ②赵… Ⅲ.①银行贷款－不
良贷款－研究－中国 Ⅳ.①F832.4

中国版本图书馆 CIP 数据核字（2016）第 007040 号

中国银行业不良贷款的形成发展：基于经济转型的应用研究

ZHONGGUO YINHANGYE BULIANG DAIKUAN DE XINGCHENG FAZHAN：JIYU JINGJI ZHUANXING DE YINGYONG YANJIU

著　　者：	高　鹤　赵静宜	
责任编辑：	矫黎晗	
封面设计：	韩枫工作室	
出　　版：	吉林出版集团股份有限公司	
发　　行：	吉林出版集团社科图书有限公司	
电　　话：	0431 - 86012746	
印　　刷：	三河市佳星印装有限公司	
开　　本：	710mm×1000mm	1/16
字　　数：	182 千字	
印　　张：	11.5	
版　　次：	2016 年 4 月第 1 版	
印　　次：	2025 年 4 月第 3 次印刷	
书　　号：	ISBN 978 - 7 - 5534 - 9803 - 4	
定　　价：	56.00 元	

前　言

　　本书基于一个分析经济转型的理论框架，分析了历史上中国商业银行业股份制改造前不良贷款产生的原因，以此为基础讨论了中国银行业不良贷款的发展趋势，以及下一步处置不良贷款的选择，并就金融资产管理公司下一步在不良贷款市场的定位给出了相应的建议。本书认为：一是历史上，中国不良贷款的地区差异特征可以用财政分权下的地方政府行为差异和国有银行主导型的融资结构体系加以解释。本书构建起了财政分权、地方政府行为差异与中国银行业不良贷款之间的内在联系，相关假说也为本书所进行的计量检验所证实。据此，中国银行业不良贷款率的降低，不仅依赖于金融体系的改革，还取决于财税制度的完善、地方政府行为的转变。而此前的相关文献并没有对财政分权以及各地区政府行为的差异对金融部门的影响给予足够的重视。中国银行业在未来几年内将仍然面临较大的不良贷款反弹压力，未来我国银行业的不良贷款可能会向房地产、基础设施建设等与城市化相关的领域集中。二是中国应该鼓励大型商业银行与现有资产管理公司进行产权联合或战略性合作，明确区分不良贷款的一级和二级市场，要求银行处置不良资产首先在不良贷款一级市场向资产管理公司定向招标出售，通过金融资产管理公司将不良贷款一级和二级市场隔离开来，将既有利于防范银行的道德风险和借款人、地方政府的逆向选择行为，又有利于不良贷款市场价值的挖掘和定价以及资产处置的专业化。同时，金融资产管理公司仍然可以把不良资产处置作为主营业务之一，但同时应开拓相关的并与之形成互补的投资银行类业务，以便在经济周期的上升期着重发展投资银行类业务，而在经济周期的下行期重点从事不良资产处置业务。资产管理公司有必要根据不良贷款的地区分布特征和金融生态环境的区域差异，选择不同的区域定位；有必要重点关注基础设施行业、房地产业以及近年来出现产能过剩的行业，培养相关领域的专门人才，以提高公司在未来不良资产处置市场中的核心竞争力。应该说，本书是一种应用型的研究，基于理论框架，针对中国经济生活中的实际问题分析成因并提出解决问题的思路。

值得指出的是，本书是在第一作者高鹤的博士后出站报告基础上修改完成的，本书第二作者赵静宜为将该报告修改成书出版做了大量研究完善和修订工作，文字工作量达三万余字。从研究报告到出版成书，历时八年，书中所讨论的有些问题已不再像当初那样引人注目，但我们仍然希望本书的内容能够让读者有所启迪。

目　录

第一章　导言 ………………………………………………… 1

　第一节　问题的提出 ……………………………………… 1

　第二节　研究框架和基本概念 …………………………… 5

　第三节　研究方法与结构安排 …………………………… 14

第二章　文献回顾与经验事实 …………………………… 20

　第一节　中国银行业不良贷款成因综述 ………………… 20

　第二节　财政分权、政府角色与不良贷款：文献评述…… 35

　第三节　中国银行业改革历程：现状与事实 …………… 44

第三章　中国不良贷款的形成：假说与检验……………… 57

　第一节　中国银行业不良贷款的现状：一个定量描述…… 57

　第二节　制度性不良贷款的成因：基于转型框架的理论假说…… 64

　第三节　数据说明与假说检验 …………………………… 76

第四章　不良贷款的未来趋向：基于理论框架的分析性预测……… 86

　第一节　中国不良贷款的总量趋向 …………………… 87

第二节　主要银行的不良贷款趋向 ·············· 98

第三节　银行业不良贷款的趋势：行业分布 ·············· 102

第五章　中国银行业下一步处置不良贷款的选择 ·············· 115

第一节　经验回顾与法律问题 ·············· 115

第二节　银行不良资产处置机构设置的比较与选择 ·············· 123

第六章　金融资产管理公司在未来不良资产市场的定位 ·············· 136

第一节　中国未来不良贷款市场的发展 ·············· 136

第二节　资产管理公司的激励约束机制及其改革 ·············· 145

第三节　资产管理公司在不良贷款市场的定位：总结性建议 ·············· 150

第七章　结束语 ·············· 158

参考文献 ·············· 168

第一章 导 言

第一节 问题的提出

本书打算回答下列 3 个问题：

问题 1：中国银行业巨额不良贷款形成的原因是什么？在可预见的 3～5 年内，中国银行业不良贷款会呈现什么样的趋势？

自 1997 年东南亚金融危机以来，中国银行业的不良贷款问题就一直受到国内外的高度关注，其中一个重要的原因就是中国银行业不良贷款的数额曾经非常巨大。表 1-1 给出了 1994—2006 年中国国有商业银行的不良贷款率和不良贷款余额的估算情况。从中可以看到，剔除政策性剥离因素后，近 12 年来中国国有商业银行不良贷款率平均高达 37.51%，占 GDP 比重也是在 20% 以上，最高达到了 37%。不良贷款占财政收入比重也表明国有商业银行不良贷款处于极其严重的状态。1994—2003 年十年间剔除政策性剥离因素后不良贷款占财政收入的比重均超过 150%，2000 年更是高达 2.75 倍。

众所周知，银行不良贷款率是显示银行经营质量和一国金融体系稳定性的一个重要指标。较高的不良贷款率至少会从如下三个方面引发银行危机甚至经济危机：一是较高的不良贷款率将使得银行现金流入减少，引起支付危机；其次，较高的不良贷款率也容易进一步引发银行所有者和经营者的道德风险，使其参与高风险甚至赌博性的投资，或侵吞银行资产，加速危机的到来；此外，较高的不良贷款率也很容易导致公众信心丧失，引发

表 1-1　1994—2006 年中国国有商业银行的不良贷款率和不良贷款余额

年份	按五级分类标准调整后的不良贷款情况[1]		剔除政策性剥离因素后的不良贷款情况[2]		剔除政策性剥离因素后不良贷款占 GDP 比重（%）	剔除政策性剥离因素后不良贷款占国家财政收入比重（%）
	不良贷款率（%）	不良贷款余额（亿元）	不良贷款率（%）	不良贷款余额（亿元）		
1994	25.00	7964.08	25.00	7964.08	17.03	152.62
1995	27.00	10551.27	27.00	10551.27	18.04	169.03
1996	29.40	13946.55	29.40	13946.55	20.54	188.26
1997	32.00	16924.30	32.00	16924.30	22.73	195.63
1998	40.00	24517.95	40.00	24517.95	31.29	248.26
1999	44.00	28236.12	44.00	28236.12	34.41	246.73
2000	34.18	22866.87	55.00	36798.87	41.13	274.72
2001	30.37	22473.80	49.20	36405.20	37.41	222.18
2002	26.10	22080.60	42.57	36012.60	34.24	190.51
2003	17.80	24406.00	29.40	40307.00	34.34	185.62
2004	15.57	17176.00	32.51	35864.00	26.20	135.87
2005	10.49	13133.60	31.05	38871.60	21.32	122.82
2006	7.09	12549.2	21.63	38287.20	18.28	—

注：1. 将 1994 年到 2001 年每年的账面不良贷款率均加 5%，得到按照五级分类标准的不良贷款率；

2. 从 2000 年开始每年不良贷款余额均加上 13932 亿元、2003 年开始再加上 1969 亿元、2004 年开始再加 2787 亿元，2005 年再加上 7050 亿元，得到剔除政策性剥离影响后的不良贷款余额。

资料来源：施华强（2005）、谢平和李德（2003）、国家银监会网站、国家统计局网站、国家财政部网站。

危机。表 1-2 给出了部分国家银行业发生问题时的不良贷款比例，可以看到金融危机的发生往往伴随着银行业较高的不良贷款率。比较典型的，如俄罗斯金融危机发生前的 1996 年，其银行不良贷款率高达 50%。国际金融社会的共识是，银行的不良资产超过总资产的 15% 时，就必须进行资产重组。

尽管中国银行业不良贷款问题受到广泛关注，但是，目前理论界和实务

表 1-2　部分国家银行业发生问题时的不良贷款比例

国　家	时　间	不良贷款占贷款总额的比例(%)
美国(FSLIC 承保的商业银行)	1990 年	3.7
挪　威	1991 年年底	6.4
瑞　典	1992 年年底	7.2
芬　兰	1992 年年底	9.3
委内瑞拉	1993 年年底	9.3
墨西哥	1994 年 9 月	10.6
智　利	1974—1987 年间最高值	18.7
匈牙利	1991 年	12.4
哥伦比亚	1982—1988 年间最高值	25.3
美国(FSLIC 承保的 S&Ls)	1988 年	27.6
波　兰	1992 年年底	28
阿根廷	1980—1990 年间最高值	30.3
马来西亚	1985—1988 年间最高值	32.6
加　纳	1983—1989 年间最高值	39.5
俄罗斯	1996 年	50
其他国家	1994—1995 年	14~63

注：有些国家的银行业问题在发展成危机之前就得到了解决。由于会计制度和统计口径的差异，表中数据不完全可比。

资料来源：张春霖（1999）。

界对于中国银行业为什么会形成如此巨额的不良贷款，在未来的一段时间内中国银行业不良贷款会呈现什么样的趋势，并没有形成一致的看法，也没有给出令人信服的回答。本书将尝试在前人研究的基础上，给出自己的一个判断。

问题 2：给定中国银行业不良贷款的发展趋向，各家银行将有可能会选择什么样的方式来处置这些不良贷款，哪些因素会影响其处置方式？

由于各国的文化背景、制度模式、市场化程度、法律体系、不良贷款的严重程度以及可供使用的资源等方面的差异，各国处置不良贷款的方式也各不相同，周小川（1999）曾对美国、瑞典、中东欧转轨国家、拉美国家、日本、东南亚和东亚四国，以及法国里昂信贷银行处置不良贷款的方式做了一个全面的介绍。但撇开具体细节的不同，总体上，处置银行业不良贷款方式可以划分为分散式（流量式）和集中式（存量式）两大类。所谓分散式是指以银行依靠银行自身盈利逐步降低其不良资产；而集中式则是银行将积累的不良资产剥离给外部专门的不良资产处置机构，比如资产管理公司来加以处置。在集中和分散式之间还存在一些过渡的形式。给定中国银行业不良贷款未来的发展趋向，各家银行将有可能会选择什么样的方式来处置这些不良贷款呢？哪些将是影响其处置方式的主要因素呢？本书将试图利用超边际的分析工具（杨小凯，1998），从分工的视角，结合中国目前关于银行监管相关法律的实践来讨论这一问题。

问题 3：给定中国银行业未来的不良贷款处置方式，中国金融资产管理公司未来可以在不良贷款市场上选择什么样的定位？

众所周知，为化解金融风险，促进国有企业和银行业的改革，中国于1999 年相继成立了四家金融资产管理公司，专门收购、管理和处置四家国有商业银行剥离的部分不良贷款。截止到 2006 年年底，四家金融资产管理公司已全部完成政策性处置任务。资产管理公司未来将何去何从，在不良资产市场中可以选择什么样的定位，已成为大家所关心的问题。"市场规模决定分工"，显然，资产管理公司转型和发展在很大程度将取决于中国银行业不良贷款的趋向及其处置方式。本书将试图结合中国金融资产管理公司的运行实际，基于对中国不良贷款趋向及其可能的处置方式的判断，对中国金融资产管理公司在不良资产市场上的定位给出相应的结论和建议。

上述 3 个问题是围绕中国不良贷款的形成、处置以及对金融资产管理公司的影响而展开的，本书将根据标准的经济学原理和分析工具，对这些问题进行讨论和分析。笔者希望本书的研究不仅能够对与中国不良贷款相关的一些重要问题给出成功的解释和判断，研究的结论也能够对于讨论中国今后的金融体系建设、不良资产市场的建设以及金融资产管理公司的转型也富有启示。

第二节 研究框架和基本概念

上一节对本书拟讨论的问题进行了说明。在本节中，笔者将给出讨论这些问题的基本框架①，此后将围绕这一基本框架而展开。同时，本节还将对本书涉及的几个基本概念进行简要的说明。

一、本书研究框架

与所要讨论的 3 个问题所对应，本书将分别建立起相应的研究框架来对这些问题加以讨论。

（一）基于经济转型分析中国不良贷款成因的理论框架

图 1-1 给出了本书关于中国银行业不良资产生成机制的基本理论框架。

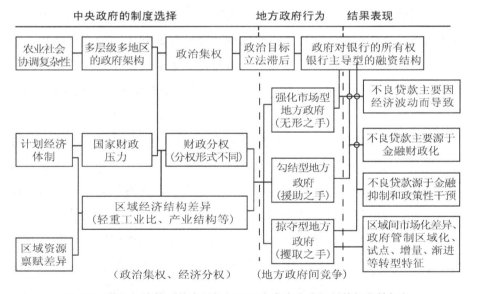

图 1-1　基于经济转型的中国银行业不良资产生成机制的解释性框架

① 关于什么是经济分析框架，以及如何评价经济分析框架的好坏，可参见杨小凯、黄有光（1999）第一章的论述。在他们看来，所谓经济学的分析框架是指为刻画经济行为人、社会制度结构和自然环境之间的关系，以某种方式将概念组织成由子系统构成的结构。人们可以从组织程度、一般性程度、内生程度、可处理性程度、预测能力、严格程度、逻辑内洽性程度、可验证性以强壮程度来对分析框架进行评价。

我国在计划经济体制下，由于信息和激励的原因导致生产效率不断下降，而计划经济本身又要求实行统收统支的财政体制，这样，生产效率低下使得一方面政府财源出现萎缩，另一方面为保持同样的产出政府需要投入更多的经济资源，两方面的原因直接导致了巨大的国家财政压力。在意识形态的限制下，中央政府不可能通过直接放弃对经济建设的投入，实行经济自由化来减轻财政压力。而计划经济体制时期，试图解决信息和激励问题的改革努力，以及中国以农业为基础的经济结构，使得中国形成了多层级、多地区的政府组织架构。中央政府在巨大的财政压力下，面对意识形态的约束，在改革目标的不确定以及多层级、多地区政府管理架构的现实条件下，便选择了向地方政府转移财政压力，走上财政分权之路，但同时为维护中央政府的控制能力，保持了中央政府的政治集权。而由于各地区资源要素禀赋不同，计划经济时期重工业优先发展战略导致各地区所形成的轻重工业比重、产业结构也不相同，这使得中央政府对不同地区的地方政府采取了不完全一致的财政分权形式，而且随着改革的进行，财政分权形式也被不断调整。这样，不同的财政分权形式和不同的经济结构就对地方政府形成了不同的行为激励和约束机制，进而导致了地方政府行为的差异，出现"强化市场型""勾结型"和"掠夺型"地方政府行为的分别。而政治集权下，使得立法总是滞后于中国经济转型的需要，立法滞后使得投资者产权的保护更加依赖于行政决策机制，再加上政治集权下中央政府为加强对社会资源的汲取能力，通过银行来实现其政治目标，比如提供就业、企业补贴、调节地区差距等，这导致了中国政府对银行的所有权，以及银行主导型的间接融资结构体系。其结果是中国的财政分权使得一方面计划经济体制的约束在地方政府层面不断被突破，使得中国经济在实现转型的同时，得以保持稳定而快速的增长；另一方面不同地区、不同时期地方政府行为的差异也使得中国不同区域的经济转型路径呈现出明显的不同，不同地区市场化进程不一致，经济转型也表现出试点、增量、双轨制等特征。同时，在银行主导型的间接融资结构体系下，在"强化市场型地方政府"主导的地区，使得经济周期和经济结构调整的代价积累在银行系统，形成大量的因经济波动而导致的不良贷款；而在"勾结型地方政府"主导的地区，地方政府倾向于通过干预全国性商业银行的本地支行的经营，将其作为本地区的第二财政，使得银行对国有企业的贷款约束软化，从而形成因"金融财政化"而导致的不良贷款；在"掠夺型地方政府"主导的地区，全国性以集权制为特征的商业银行的理性选择是减少贷款，从而导致该地区出现金融压抑的特征，使得中央政府出于平衡地区发展的考虑，干预银行在当地的经营，导致因政策性的因素和金融压抑的因素所带来的不良贷款。

对于上述理论框架，有几点可能需要加以说明：

（1）理论框架中所谓"强化市场型地方政府"是指那些受到财政分权、地区经济结构以及相关政治因素的激励和约束而致力于去创造和保护个人的财产权利，并且能够强制执行各种契约，而不是去剥夺或侵犯私人产权的地方政府（奥尔森，2005）；"勾结型地方政府"则通常是通过对所属企业的指导、资源的分配、公共服务以及投资和信贷的控制来培育和发展本地经济，通过产业和金融政策、进入管制、甚至直接对企业的控制等方式，以"援助之手"对特定企业进行支持，同时也抑制某些产业或企业的发展（Stigler，1971）；"掠夺型地方政府"则意味着该地方政府组织松散，由一群各自为政，很少受到统一公共政策指引的官僚组成，各自利用手中的职权来对经济主体进行掠夺、竞租，对市场实行掠夺性管制（Fry and Shleifer，1997）。而框架中关于地方政府行为类型的划分，并不意味着某一地区的地方政府行为特征始终是不变的。随着整个国家经济环境的变迁，其他地区经济的发展，以及本地区经济结构的变化，该地区地方政府的行为会不断演化，从一种类型转变成另一种类型。同时，该地区地方政府行为的变化又反过来影响国家整体和其他地区的经济环境。正是地方政府行为的不断演化，使得同一地区的不良资产也呈现出多样化的成因，既有经济周期积累而致的，也有金融财政化和政策性干预所致的不良贷款。基于这一逻辑，就可以很好地解释我们将要提及的关于中国不良贷款所具有一系列特征了，比如"地理趋同性"特征。

（2）在该框架中中央与各地方财政分权的具体形式是由该地区经济结构、经济发展水平及地方政府同中央政府的谈判等因素所决定的，是内生的。本书的理论框架可以把经济转型过程中许多改革措施看作是内生的。比如，在中央和地方已经实行财政分权，而中央政府仍实施着计划价格体制的条件下，地区之间商品贸易将促使地方政府之间引入市场价格机制，从而形成价格双轨制的格局。又比如，有着独立财政利益的地方政府之间的竞争，将引发国有企业民营化，从而导致国有企业改革的不断推进（朱恒鹏，2004）。基于财政分权和地方政府行为的分析框架，不但可以简洁地解释中国经济转型过程中的很多现象，而且还能将很多被认为是外生的改革措施内生化，将我国不良贷款产生的各种复杂成因放在统一的框架下加以解释，这正是本书研究框架的优势所在。

（3）在本书理论框架中，政府对银行的所有权、银行主导型的融资结构和不同类型地方政府行为的结合，构成了分析中国银行业不良贷款生成机制的关键所在。而该理论框架认为，在转型经济中，政治集权使得立法总是滞后于中国经济转型的需要，立法滞后使得投资者产权的保护更加依赖于行政决策机制，再加上政治集权下中央政府为通过银行来实现其政治目标，从而导致了中国政府对银行的所有权，以及以银行为主导的间接融资结构体系。这一逻辑来源于政府参与金融的"政治型"视角，这一视角得到了 La Porta，Lopez-De-Silanes 和 Shleifer（2003）经验实证研究的支持。

可以看到，在本书关于不良贷款形成原因的分析框架中，"财政分权"和"地方政府行为"扮演了重要角色，这两个词的确切含义可以参见高鹤（2005）的论文。在其文中，笔者试图论证中国自 1979 年开始的经济转型也是按照这一框架所提示的逻辑来展开的，或者说这一理论框架总结了中国过去近 30 年经济转型的主要逻辑。

有了关于中国银行业不良贷款形成机制的分析框架，我将首先基于这一框架，推导出相应的假说，然后利用中国不良贷款的相关数据对这些假说进行检验，以确认这一分析不良贷款形成的框架的合理有效性，再以此为基础，对未来可预见的时间内我国不良贷款的趋向做一个趋势性分析。如果这一框架能够成功解释过去中国不良贷款形成的主要原因，那么显然，中国未来的不良贷款趋向将不仅仅取决于金融系统本身的改革，在很大程度上也将取决于财政制度改革以及地方行为的转变了。

（二）基于分工和专业化分析中国银行业未来处置不良贷款的理论框架

正如本章第一节所提到的，给定银行业不良贷款的未来趋势，银行处置其不良贷款大体上可以有两种选择[1]，一种是由银行自己内部来处置不良资产，依靠其自身盈利逐步消化、降低其不良资产，即所谓分散式处置；另一种则是银行将积累的不良资产剥离给外部专门的不良资产处置机构来进行处置，即所谓集中式处置。当然，在这两种选择之间，还有一些过渡形式，比如专门机构接受银行委托，与银行共同处置；再比如银行与专门机构进行产权联合，通过类似项目公司的形式进行不良贷款的处置。

　　银行关于不良贷款的处置选择，本质上是关于不良贷款处置的分工和专业化的问题，其本身又涉及不良资产市场的发展和深化。20世纪80年代，以杨小凯为代表的一批经济学家，用非线性规划（所谓超边际分析）重新将古典经济学家中关于分工和专业化的思想变成了决策和均衡模型，发展出了所谓新兴古典经济学的分析框架。他们利用超边际分析内生经济主体的选择专业化水平的决策，然后来分析市场和价格制度如何决定全社会分工水平。基于此框架，可以将很多发展和贸易现象解释为分工演进的不同侧面，可以解释企业的出现和企业内部组织的均衡意义，也可以解释交易费用和制度对分工和生产力演进的意义等。本书也将借助这一分析框架，来讨论银行业不良贷款的处置选择，不良贷款市场的发展，以及中国金融资产管理公司未来在不良资产市场中的定位。

　　图1-2描述了新兴古典分析框架应用于银行不良贷款处置分析的一些基本特点。为简化起见，设银行经营过程中面临两项业务，一是为其他经济主体提供金融服务，一是处置其自身的不良资产；银行有两种选择，一是同时进行两项业务，既提供金融服务，自身也进行不良资产的处置，二是进行专业经营，只专业化地提供金融服务，把产生的不良资产剥离出来，交给资产管理公司由其进行专业化的处置。假定存在专业化经济[2]，因此，当银行同时从事两项业务时其转换曲线如A所示。作为理论框架的介绍，不妨设资产管理公司也面临和银行同样的选择，并且和银行具有同样的资源和能力，因

---

　　① 在此我们只讨论健康银行不良贷款的处置方式，对于危机银行或者是倒闭银行的不良贷款处置不在此讨论范围内。

　　② 所谓专业化经济是指某经济主体在生产某产品时，生产函数显示边际或平均劳动生产率随着其在此活动中的专业化水平上升而增加。可参见杨小凯（1998）。专业化，对个人而言可以节省在不同工作之间转换的费用，可以熟能生巧，促使新技术、新机器的发明，也可以加增加整个社会获得知识和积累知识的能力。

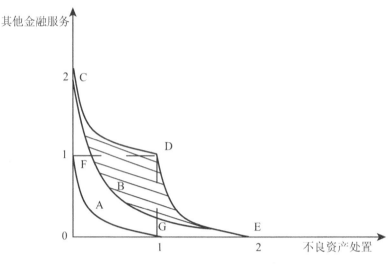

图 1-2　银行不良资产处置分析框架

此曲线 B 就可以看成是资产管理公司和银行转换曲线的加总。而若银行将不良资产剥离出来，专职提供金融服务，而资产管理公司同时从事两种业务，那么加总曲线就成为 CDG 了；类似地，如果资产管理公司专职从事不良资产处置业务，银行同时从事两项业务，那么加总曲线就是 FDE 了。D 点是银行和资产管理公司各自进行专业化经营，银行只从事提供金融服务的业务，资产管理公司只进行不良资产的处置。

从图 1-2 可以看到，显然，当银行和资产管理公司进行分工时，其产出水平要大于不分工的水平，斜线区表示的就是两者的差距。但是，这种分工的好处，却面临被另一个重要因素所抵消，就是不良资产被剥离出来，在银行和资产管理公司之间进行交易时，存在交易费用。这种交易费用包括在法律框架下促使不良资产的交易实现、不良资产尽职调查、双方共同对资产的认定和定价、处置执行，以及双方就其价值和风险分摊达成一致等费用，甚至还包括银行剥离不良资产所带来的信息披露对银行经营和股票市场的影响。因此，在此框架下，银行不良资产处置选择将最终取决于由资产管理公司专业化处置所带的收益与不良资产市场交易费用之间的权衡（trade-off）。本书后面部分将沿着这一思路来讨论在什么样的条件下，银行会选择什么样的不良资产处置方式，以及资产管理公司在不良资产市场中可以选择什么样的定位。

二、几个相关的基本概念

（一）不良资产与不良贷款

不良资产的概念比较宽泛。中国银监会颁布的《不良金融资产处置尽职指引》（银监发〔2005〕72号）定义"不良金融资产指银行业金融机构和金融资产管理公司经营中形成、通过购买或其他方式取得的不良信贷资产和非信贷资产，如不良债权、股权和实物类资产等。"中国资产评估协会2005年3月发布的《金融不良资产评估指导意见（试行）》（中评协〔2005〕37号）则认为"金融不良资产是指银行持有的次级、可疑及损失类贷款，金融资产管理公司收购或接管的金融不良债权，以及其他非银行金融机构持有的不良债权"①。从这两个定义不难看出，当前中国对不良资产的关注主要集中在银行业所产生的不良债权上。一般地，不良资产是指经济主体的投资经营活动中以货币、证券等形式表现的、不能实现其预期收益的资产，不良资产在本质上是反映了社会资源的低效或不当配置。与正常的金融资产相比，不良资产一般具有低收益、低流动性，以及加速贬值的特点，不良资产也往往表现为流动性不足。

就银行资产而言，主要包括现金与存放同业、投资性证券、银行贷款、银行建筑及设备，附属机构投资等资产项目，如果这些资产项目当中的某些资产处于非良好经营状态，不能及时给商业银行带来正常收入甚至不能及时回收本金投入，则可称为是银行不良资产。在当前中国，由于实行分业经营、分业监管，商业银行资产结构比较单一，银行收益目前主要还是依靠贷款收息，因此我国银行业不良资产主要是指由银行业经营风险带来的不良贷款（Bad Loans，Impaired Loans 或 Nonperforming Loans，NPLs）。

在本书中，不良贷款是一个更为常用的概念。不良贷款指不能按信贷合

---

① 对于究竟是"金融不良资产"还是"不良金融资产"，一直存在着争议。理论上，金融机构持有的不良贷款对金融机构而言是不良的，但其不良贷款转化成实物资产、股权资产未必是不良资产，因此"不良金融资产"似乎更为恰当。但"金融不良资产"已被社会各界沿用多年，本书也采用这一用法。此外，"银行不良贷款"和"银行不良债权"也不是同一个概念。正如后面所要提到的，"银行不良贷款"是指处于非良好经营状态，不能及时给银行带来正常利息收入甚至难以回收本金的贷款；"银行不良债权"则是指以债权形式表现出来的银行不良资产，除包括银行不良贷款外还包括部分非信贷债权。

同约定的利率和期限收回利息和本金的信贷资产。

在中国人民银行决定正式在中国银行业全面推行贷款风险分类管理以前，中国银行业一直采用"一逾两呆"分类方法对贷款质量进行监督和评估。"一逾两呆"分类管理主要依据借款人的还款状况将贷款划分为正常、逾期、呆滞、呆账四类，后三类贷款合称为不良贷款。在"一逾两呆"的分类方法，简单易行、便于操作，但主要注重贷款账龄的核算，忽视了借款人的信用和还款能力，会造成贷款管理的滞后性、不真实性，缺乏对借款人的监督和约束，属于比较粗糙的分类方法。

2002 年开始，我国银行业开始实行贷款五级分类管理，中国人民银行和银监会先后颁布了《贷款风险分类指导原则》（银发〔2001〕416 号）、《关于推进和完善贷款风险分类工作的通知》（银监发〔2003〕22 号）文件等相关法规，确定了贷款五级分类标准，将贷款质量划分为正常、关注、次级、可疑和损失五大类。正常类贷款定义为借款人能够履行合同，没有足够理由怀疑贷款本息不能按时足额偿还；关注类贷款定义为尽管借款人目前有能力偿还贷款本息，但存在一些可能对偿还产生不利影响的因素；次级类贷款定义为借款人的还款能力出现明显问题，完全依靠其正常营业收入无法足额偿还贷款本息，即使执行担保，也可能会造成一定损失；可疑类贷款的定义为借款人无法足额偿还贷款本息，即使执行担保，也肯定要造成较大损失；损失类贷款定义为在采取所有可能的措施或一切必要的法律程序之后，本息仍然无法收回，或只能收回极少部分。对各项贷款进行分类后，其后三类贷款合计为不良贷款。因此，在五级贷款分类下，不良贷款率的计算方法如下：

不良贷款率＝（次级类贷款＋可疑类贷款＋损失类贷款）/各项贷款×100％

其中，各项贷款指银行业金融机构对借款人融出货币资金形成的资产。主要包括贷款、贸易融资、票据融资、融资租赁、从非金融机构买入返售资产、透支、各项垫款等。

表 1-3 给出了中国银行业监督管理委员会网站上公布的 2006 年中国商业银行不良贷款的情况。截至 2006 年年底，中国银行业不良贷款余额还有1.25 万亿元，不良贷款率为 7.09％。

综上，尽管理论上不良资产与不良贷款有着不同的内涵，不良资产所包

表 1-3　2006 年商业银行不良贷款情况表

	第一季度		第二季度		第三季度		第四季度	
	余额（亿元）	占全部贷款比例（%）	余额（亿元）	占全部贷款比例（%）	余额（亿元）	占全部贷款比例（%）	余额（亿元）	占全部贷款比例（%）
不良贷款	13124.7	8.03	12827.2	7.53	12736.3	7.33	12549.2	7.09
其中:次级类贷款	3281.4	2.01	3066.7	1.80	2923.3	1.68	2674.6	1.51
可疑类贷款	5035.1	3.08	5038.9	2.96	5098.7	2.93	5189.3	2.93
损失类贷款	4808.2	2.94	4721.6	2.77	4714.2	2.71	4685.3	2.65
不良贷款分机构								
主要商业银行	12068.4	8.26	11778.8	7.80	11726.7	7.64	11703.0	7.51
国有商业银行	10588.2	9.78	10557.6	9.47	10558.1	9.31	10534.9	9.22
股份制商业银行	1480.2	3.92	1221.2	3.09	1168.5	2.91	1168.1	2.81
城市商业银行	861.5	7.59	845.4	6.72	807.3	6.07	654.7	4.78
农村商业银行	158.1	6.96	166.4	6.64	166.9	6.58	153.6	5.90
外资银行	36.7	0.95	36.6	0.87	35.5	0.81	37.9	0.78

注：（1）商业银行包括国有商业银行、股份制商业银行、城市商业银行、农村商业银行和外资银行；主要商业银行包括国有商业银行和股份制商业银行；（2）2006 年农村商业银行和城市商业银行有新增机构，农村商业银行和城市商业银行的合计数据与 2005 年数据不可比。

资料来源：中国银行业监督管理委员会网站，http：//www.cbrc.gov.cn。

含的内容要大于不良贷款所指对象，但由于目前在中国银行业不良资产的主体是不良贷款，因此，本书将交替使用不良贷款与不良资产这两个概念。在探讨本书所关注的第一个问题时，出于数据的可得性等原因，将主要分析不良贷款的成因及未来趋向，而在探讨本书第二、三个问题时，将主要使银行不良资产这一概念。

（二）金融资产管理公司（AMC）

为解决银行不良资产问题，世界许多国家都根据其自身金融业的特点，进行了大量的研究和实践。20 世纪 80 年代末，美国成立了重组信托公司（RTC）专门接管处置储蓄和信贷机构的不良资产。20 世纪 90 年代以来，日本通过实施金融再生法案，成立"桥银行"来处理整个金融体系的不良资产；波兰成立工业发展局负责银行不良资产的重组；瑞典成立政府救助基金和资产管理公司来处理银行的不良资产，清理回收贷款；法国成立了CDR 负责处理里昂信贷银行剥离的不良资产；韩国成立专门的、国家集中管理的资产管理公司 KAMCO；马来西亚成立 Danaharta，以代理或顾问身份协助处理不良资产；泰国组建 FRA，并建立各个级别的资产管理公司，对破产的金融公司的资产进行拍卖代理；墨西哥中央银行组建并管理资产管理信托公司 FOBAPROA 来协助银行重获流动资金并为陷于困境的银行进行资本重组。周小川（1999）对上述国家的金融体系的重建方案进行了详细的探讨。尽管各国具体措施不尽相同，但基本思路都是把银行的不良资产迅速分离出来，通过组建专门的机构，集中处置银行不良资产，以达到及时改善银行资产负债状况，维护银行信誉的目的。这类专门经营、管理银行不良资产的机构，也通常被人们称为资产管理公司（AMC），或金融资产管理公司（FAMC）。

1999 年，中国先后成立了华融、信达、东方、长城四家金融资产管理公司，按账面价值对口收购四家国有商业银行的部分不良资产。根据中国国务院 2000 年 11 月 10 日颁发的《金融资产管理公司条例》规定，中国金融资产管理公司是经国务院决定设立的收购国有银行不良贷款，管理和处置因收购国有银行不良贷款形成的资产的国有独资非银行金融机构，以最大限度保全资产、减少损失为主要经营目标，依法独立承担民事责任。本书所指中国金融资产管理公司，即是此四家金融资产管理公司。

值得指出的是，除了上述金融资产管理公司外，目前还有其他类型的资产管理公司。比如保险资产管理公司，这是专门管理保险资金的金融机构，主要业务是接受保险公司委托管理保险基金，目标是使保险基金保值、增值，保险资产管理公司一般由保险公司或保险公司的控股股东发起成立。此外，还有各类实业集团企业成立的资产管理公司。本书研究将不涉及这些资产管理公司。

第三节　研究方法与结构安排

在第一、第二节，笔者分别就报告的主题、分析框架和所涉及的基本概念作了介绍，在本节将对报告拟采用的研究方法和结构安排做一个说明。

一、研究方法

正如本章第二节给出的关于中国银行业不良资产生成机制的基本理论框架所显示的，地方政府行为在这一分析框架中扮演了重要角色。但是，关于政府行为的看法和判断是最不一致的，争议和分歧也是最多的。这些关于政府行为的争议和分歧，一部分可能是由于人们的价值判断和政治倾向不同所导致的，但更主要的是，人们往往对政府行为所导致的后果不能取得一致意见。弗里德曼（Friedman，1953）就曾指出"无偏见的公民之间关于经济政策的分歧，主要是源于他们对政策的经济后果有着不同的预测，而这种预测的不同可以通过实证经济学的发展加以消除"。本书试图立足财政分权和地方政府行为，在中国经济转型的背景下来解释中国巨额不良贷款形成的历史原因，要澄清地方政府行为对银行不良贷款的影响，减少不必要的分歧，很自然地，也将是以实证分析（positive analysis）为导向的。

所谓实证分析导向，是指本书试图在一些假定（assumptions）的基础之上，分析财政分权、地方政府行为与中国银行业不良贷款之间的内在联系，提出与现实更为相符、能解释更多现象，并能包涵已有理论的假说（hypothesis），目的在于理解中国不良贷款的历史成因。因此，本报告第一部分关于银行不良贷款形成的解释，关心的是"是什么"（what is）的问题，而不是"应当是什么"（criteria of what ought to be）的问题，后者是"规范经济学"（normative economics）的研究的重点。也就是说，本报告将尽可能避免对不同的政府行为进行倾向性的价值判断，把不同的政府行为看作是当事人在一定约束条件下理性选择的结果。因此，本报告"强化市场型地方政府""勾结型地方政府"和"掠夺型地方政府"的划分是实证意义上的。这种划分主要着眼于不同地方政府类型对银行不良贷款的影响，而不是对不同类型的地方政府进行"好"或"坏"的评价。也正因为以实证分析为导向，我们将主要是基于经济学的理由做出判断，而不对分析结果做出政治可行性的判断。

本报告第一部分基本上可以看作是理论实证和经验实证相结合的研究，遵循经验分析→演绎推理→实证检验这样一种研究程序。我们将在经济学一系列公设和一些基本经济原理的基础之上，对中国财政分权、地方政府行为与不良贷款之间的关系进行实证性分析，通过演绎的方式构造具有逻辑内在一致性，更为切合中国经济转型实践的理论解说，然后又通过经验研究对假说的推论进行计量检验。本书所采用的研究程序，在很大程度上是接受了波普尔的科学方法论，强调理论内部逻辑的一致性，强调理论的逻辑推论与经验事实的一致性。

值得指出的是，本报告的第二、三部分，在讨论中国银行业未来不良贷款的处置模式选择和中国金融资产管理公司在未来不良贷款市场的定位时，应当被视为是一般意义上的规范经济学的研究。在这两部分关心得更多的是"应当是什么"的问题，比如中国银行业下一步应该当选择什么样的处置模式，资产管理公司应当在不良贷款市场确立什么样的市场定位等。当然，本报告在做出"应当"之类的判断时，并非是建立在特定利益基础上的，而是以效率最大化或者产出最大化作为价值判断依归的。也就说，当本报告试图指出某种选择最优的，那是意味着从全社会的角度来看，这种选择能够来最高的效率或最大的产出。

二、结构安排

本报告的基本内容可以分为三部分。

第一部分讨论了中国银行业已显现出来的不良贷款的历史成因，并以此为基础讨论了中国银行业不良贷款的未来趋势。报告第二章对关于我国不良贷款形成原因的相关文献做了一个回顾，并围绕着第一章提出的理论框架所涉主题的相关做了一个评述，接着回顾了中国银行业改革的历程。总体上，目前人们对中国不良贷款的生成机制并没有形成共识。一个几乎共同的看法是，银行有大约 70％～80％ 的不良资产是由银行以外的经济环境或外部因素所引起的，而对于经济环境或外部因素到底应包括哪些因素，却是存在不同看法；尽管有大量文献注意到了财政分权和地方政府在中国经济转型中扮演了重要角色，但对财政分权以及各地区地方政府行为的差异对金融部门的影响却都并未给予足够的重视。

报告第三章在第二章的基础上，提出了一个解释中国巨额"制度性不良贷款"的理论假说，并利用相关数据对这一假说进行了合理性检验。中国计划经济体制导致了巨大国家财政压力，中央政府在巨大的财政压力下，面对意识形态的约束，在改革目标的不确定以及多层级、多地区政府管理架构的现实条件下，便选择了向地方政府进行财政分权，同时保持了中央政府的政治集权。而由于各地区资源要素禀赋和经济结构的不同，使得中央政府对不同地区的地方政府采取了不完全一致的财政分权形式，而且随着改革的进行，财政分权形式也被不断调整。这样，不同的财政分权形式和不同的经济结构就对地方政府形成了不同的行为激励和约束机制，进而导致了地方政府行为的差异，出现"强化市场型""勾结型"和"掠夺型"地方政府行为的分别。而政治集权使得立法总是滞后于中国经济转型的需要，立法滞后使得投资者产权的保护更加依赖于行政决策机制，再加上政治集权下中央政府为加强对社会资源的汲取能力，通过银行来实现其政治目标，这导致了国有银行主导型的融资结构体系。这样，在"强化市场型地方政府"主导的地区，使得经济周期和经济结构调整的代价积累在银行系统，形成大量的因经济波动而导致的不良贷款；而在"勾结型地方政府"主导的地区，地方政府倾向于通过干预全国性商业银行的本地支行的经营，将其作为本地区的第二财政，从而形成因"金融财政化"而导致的不良贷款；在"掠夺型地方政府"主导的地区，全国性以集权制为特征的商业银行的理性选择是减少贷款，从而导致该地区出现金融压抑的特征，中央政府出于平衡地区发展的考虑，便干预银行在当地的经营，导致因政策性的因素和金融压抑的因素所带来的不良贷款。

沿着这一分析框架的逻辑，报告第三章进一步推导出了三个理论假说，即"不同银行的地理趋同性假说和同一银行的地理趋异性假说""经济波动相关性差异假说"和"财政自给率负相关假说"。然后，利用1999年中国工商银行剥离出来的债权类资产和根据公开资料整理的2005年各省市不良贷款率等相关数据进行了计量检验，实证检验结果总体上支持了本报告的理论框架的理论预期。

在前述分析的基础上，报告第四章就中国不良贷款的未来趋向做了一个分析性的预测。从总量上看，中国银行业在未来几年内将仍然面临较大的不良贷款反弹压力；从主要银行的资产状况来看，工行、建行和中行也仍然面临较大的不良贷款反弹压力；从行业分布来看，我国银行业的未来不良贷款可能会向房地产、基础设施建设等与城市化相关的领域集中。

给定中国银行业在未来几年内将仍然面临较大的不良贷款反弹压力，报告的第二部分讨论了中国银行业下一步处置其不良贷款的可行选择。综观世界其他国家的经验教训，主动、及时地促使银行清理重组不良资产，通过专门机构、专业化运作，并尽可能运用市场化的手段将有利于银行业大规模不良资产的化解和处置。而这些都需要有效的立法支持、政策配套和制度创新。但是，在我国银行处置不良资产还存在诸多法律障碍。为此，报告第五章指出，针对不良资产处置这一行为本身，把金融资产管理公司的定位置于不良资产处置立法当中，而不是针对银行或金融资产管理公司专门立法，将更加有利于银行不良资产处置效率的提高。沿着分工和专业化的思想，结合我国银行业面临的现实条件，报告第五章还指出：从我国的经济运行的情况来看，政府没有必要再通过行政划拨的方式帮助银行将不良资产剥离至政策性资产管理公司进行处置。鼓励大型商业银行与现有资产管理公司进行产权联合，通过下设资产管理公司来处置不良资产，并允许其收购其他中小银行的不良资产，一方面可以迅速提高银行业的资产质量，使各银行可以集中精力发展银行业务，提高银行在国际市场上的资信，降低融资成本，另一方面可以使资产管理公司有独立的经营权，突破法律对银行处置不良资产的限制，更好地管理不良资产，实现不良资产的分工和专业化处置，强化借款人的信用纪律，实现处置的规模经济。而政府则能够以很低的成本或没有成本，就可以达到稳定银行业的目的。

报告第三部分，也即报告的第六章，在前述讨论的基础上，围绕我国金融资产管理公司的现状及其面临的约束条件，探讨了资产管理公司在未来不良资产市场的定位。如果把我国目前的不良贷款交易市场层次基本划分为一级市场和二级市场，资产管理公司作为不良贷款一级市场的投资者，二级市场的供给者，通过金融资产管理公司将一级和二级市场隔离开来，将既有利于防范银行不良贷款处置过程中的道德风险和银行所面临的借款人和地方政府的逆向选择行为，又有利于不良贷款市场价值的挖掘和资产处置的专业化，为不良贷款进行市场定价。从业务重点来看，资产管理公司仍然可以把不良资产处置业务作为主营业务之一，但同时应开拓证券、租赁、信托等与不良资产处置密切相关同时又与之形成互补的投资银行类业务。在经济周期的上升期可以则重发展投资银行类业务，而在经济周期的下行期，银行风险显现，不良贷款增加，资产管理公司则可以重点从事不良资产处置业务；区域差异是中国不良贷款市场的一个突出特征，金融资产管理公司有必要根据不良贷款的地区分布特征和金融生态环境的区域差异，选择适当的区域定位。从行业来看，为充分发挥自己的专业优势，资产管理公司有必要重点关注基础设施行业、房地产业以及近年来出现产能过剩的行业，培养相关领域的专门人才，比如在公司内部注意培养一些不动产领域的专家型人才，以提高公司在未来不良资产处置市场中的核心竞争力。

第二章　文献回顾与经验事实

第一章给出了本书所要讨论的问题，以及讨论这些问题拟采用的理论框架。本章将针对本书所要讨论的第一个问题，即中国银行业不良贷款的成因及其未来趋向，结合本书拟采用的理论框架，首先对已有的相关文献做一个回顾和评述，并对中国银行业的改革历史做一考察，以为后面理论框架的提出和展开奠定基础。

第一节　中国银行业不良贷款成因综述

关于银行业不良贷款的形成的已有文献，大体上可以分为两大类，一类是基于银行经营本身所具有的特点来讨论银行不良贷款的内在成因。这类文献讨论的不良贷款基本上可以认为是商业银行经营所无法消除的不良贷款，是商业银行从事存、贷经营活动的副产品，银行不能完全避免。施华强（2004）认为这种银行经营本身所无法消除的不良贷款率大约在 5％ 以内[①]，这部分不良贷款是商业银行所有人和银行监管者都可以接受的，也是银行风险控制技术和能力的极限，基本可以看作是商业银行经营过程中不可避免的；另一类文献则是讨论通过提高商业银行风险控制技术、改善商业银行经营环境可以降低的不良贷款部分，与前面无法消除的不良贷款相比，这部分不良贷款具有很大程度上的刚性、故意性和事先可知性，带有更多的制度特征，

---

① 施华强（2004）是通过比较资产模型大致相同、处于相同国际宏观经济环境中的跨国银行的数据进行估算得到这一数据的，他认为跨国银行的许多特定风险得到更加充分的分散。在宏观经济比较稳定的情况下，绝大多数世界排名前 100 家的商业银行的不良贷款一般都控制在 5％ 以内的区间。

不妨称之为"制度性不良贷款"。就中国银行业而言，如第一章表1所示，如果剔除历史剥离的因素，2006年银行业不良贷款余额为38287.20亿元，不良贷款率为21.63％，扣除5％的无法消除的不良贷款部分，还有16.63％，约3万亿元的不良贷款，是不能通过银行经营的内在特点来加以解释的，第二类文献主要是针对这部分不良贷款的成因来加以分析。

（一）无法消除不良贷款的理论解释

关于商业银行无法消除的不良贷款主要是在金融脆弱性理论的相关文献中会被涉及和讨论。Berger和Young（1997）验证了商业银行产生不良贷款的4种假设因素：恶运（bad luck）、拙劣的管理（badmanagement）、缺位（skimping）和道德风险（moral hazard）。他指出就平均来看，资本充足率不足会带来信贷风险的增加，结果导致未来不良贷款的增加。Jordan（1998）则把银行不良贷款产生的原因归纳为"技巧（skills）"假说和"政策（policies）"假说两个假设，即银行大量不良贷款产生的原因是银行贷款占资产比例过高，贷款易产生风险。按政策假说，实行激进政策的银行容易导致风险的产生，而实行保守政策的银行将会给银行带来安全。总体上，有相当一部分文献讨论银行不良贷款，主要是强调银行内部因素，而假设各家银行所处的外部经营环境都一样。如果外部环境变差，对银行来说是"恶运"（Berger and Young，1997）降临，而银行本身对此毫无办法，所以，它们主张在银行内部寻找产生不良贷款率差异的原因。

谢平和陈荣（2001）曾就商业银行不良贷款的基础理论做过一个概略性的回顾，由于银行经营内在的特点，大体上有下列四个方面的原因会使得那些即使制定了很谨慎的贷款政策并严格执行的银行，也会不可避免地出现不良贷款，或者说问题贷款（problem loans）和贷款呆账损失（loan losses）。

首先是商业银行经营本身的信用特征。商业银行存、贷经营活动实质上是一种信用过程，信用是包含着时间长度在内的一种预期，本身就包含着不确定性。商业银行作为吸收存款、发放贷款的中介机构，一方面享有从借款人处按时收取本息的权利，另一方面又必须履行对存款人还本付息的义务。由于市场经济中利率、汇率、价格、收益等经济变量的实际水平与人们的预期水平会出现偏离，给借款人带来经济损失。当这种损失达到一定程度时，借款人便无法按贷款合同约定还款，出现违约。借款人不能按时还本付息，直接导致了银行不良贷款的出现。由于信贷资金的使用和偿还时间上的分离，银行业出现一定数量的不良贷款几乎是必然的。同时，信用的广泛连锁性和依存性引发的连锁违约，会导致银行业已出现的不良贷款不断放大。信用论的核心是：在任何时点，商业银行资产方和负债方的市场价值不相等；违约风险永远存在。从信用风险视角讨论银行不良贷款的文献主要是源于明斯基的"金融不稳定性假说"（The Financial Instability Hypothesis——Minsky，1992）。

第二个原因，有相当部分文献认为银行贷款过程所存在的信息不对称以及委托代理关系容易引起逆向选择和道德风险，使金融机构具有内在脆弱性，不良贷款的产生是不可避免的。银行放贷过程中，通常情况是借款人信息优势于商业银行，而且倾向于提供有利于借款人的信息。借款人对自己的财务状况、欲投资项目的预期成本、收益、风险情况有着比商业银行更深刻的了解，无论银行如何深入调查，都不可能获得比借款人更充分的信息；而且为了达到取得贷款的目的，借款人甚至还隐瞒或提供虚假资料。导致银行依据不完整、不准确的信息所做出的贷款决定一开始便是错误的，银行的贷款资产承担着巨大风险。而贷款发生以后，由于信息不对称的存在，易引发借款人的道德风险，也会导致银行不良贷款的产生。

此外，商业银行所有者、经营者之间存在着委托代理关系，由于激励机制设计不当造成银行经营者业绩大小与奖励处罚不对称，从而引发道德风险，进而导致不良贷款增加。对银行经营者（例如分支行长）而言，某项风险决策一旦成功，他将获得极大的奖励；一旦失败，风险则由整个银行承担。所以商业银行的经营者倾向于做一些高风险、高收益的投资决策，这种情况在总分行制的商业银行中特别普遍。

第三个原因主要是基于贷款客户关系及竞争理论提出的。该理论认为："银行为了保持贷款的长期需求，实现其长远利润极大化目标，倾向于通过贷款来培养与客户的关系，采取以贷款量的扩张为特征的激进的贷款策略"；"贷款勉强（loan pushing）[①] 使贷款产生超额供给，大大降低了贷款的质量，提高了银行不良贷款的发生率"；"银行间的竞争关系使银行通过贷款获得的

———————

① 贷款勉强（loan pushing）是指银行在一定的利率水平下向借款人提供超过其意愿需求的贷款。

利润日益减少，削弱了银行抵御风险的能力"。该理论的核心是：在不同的贷款利率水平下，商业银行争取做到不引起贷款违约的最大贷款量，但是银行之间的竞争使市场均衡贷款量时银行利润为零。因为若市场中商业银行的资金供给大于借款人的资金需求，贷款人会降低利率，刺激贷款需求，于是贷款勉强出现。超额信贷供给的结果是降低了借款人的贷款边际效用，贷款资本的使用效率降低，这势必降低借款人的偿还能力，导致不良贷款发生；另一方面，随着利率下降，银行的利润也在不断降低，削弱了银行抵御风险的能力。

最后，银行不良贷款不可避免的第四个原因是基于困境银行的经营行为理论。该理论认为已损失全部或大部分资本的银行，其激励结构与正常银行不同，经营行为也发生变化，表现在困境银行为维持流动性会高息揽存，导致资金成本过高；而为弥补资金的高成本必须要求高回报，但是高贷款利率引起逆向选择问题，驱逐了低风险的借款人，增大了贷款资产的风险；过高的资金成本也使得银行会进行其他高风险投资活动，例如股票和房地产；同时，困境银行为隐瞒自己资不抵债的事实，不敢对违约的借款人和不还款的关系借款者提起诉讼，只好继续对其贷款或将拖欠利息资本化；当银行的经营状况进一步恶化，经营者及员工预期自己继续工作的可能性降低时，舞弊、盗款等行为增多。这些都会进一步加剧银行的不良贷款。

上述信用论、信息不对称理论、客户关系论、以及困境银行理论都在一定程度上表明了，商业银行经营过程中，并不能完全避免不良贷款。商业银行经营必须重视资产的安全性、流动性和盈利性的关系，但这"三性"要求往往难于同时满足，因此，商业银行履行信用中介的基本功能时所具有的行业特征和行业性风险，是导致各国各类商业银行普遍存在不良贷款的共同原因，具有普遍性和内生性。控制这部分不良贷款主要依靠建立和完善银行经营管理机制和内部风险控制机制，提高风险控制技术和监管效率。但是，正如前文所言，从目前国内外银行经营实践来看，这种银行经营不可消除的不良贷款率在 5% 以下的区间内，而中国银行业，剔除这种不可消除的不良贷款，还有近 17% 的银行不良贷款率有待解释。

（二）中国"制度性不良贷款"的成因：一个文献评述

目前，关于中国银行业巨额"制度性不良贷款"的生成机制，人们的认识并不一致，大体上存在下述三类不同的视角：一种是基于中国整体融资结构的分析，认为中国以银行为主导的融资结构，再加上中国宏观经济运行特点，使得经济周期导致的不良贷款在商业银行积累，不妨称之为融资结构加经济周期的视角；第二种是基于银行产权制度的分析，认为国家拥有银行所有权使得政府干预银企关系，出现金融财政化的倾向，导致了巨额不良贷款的形成，不妨称之金融财政化的视角；第三种看法是把银行不良贷款视为是中国经济转型的成本，是国有银行和国有企业制度导致了商业银行不良贷款率居高不下，不妨称之为转型的视角。

1. 融资结构加经济周期视角的分析

融资结构加经济周期视角分析中国银行业巨额"制度性不良贷款"的文献，首先是基于中国在近 30 年的经济转型过程中，融资结构一直是以银行为主导，企业等各类经济主体的外部资金来源主要依靠间接融资，特别是银行贷款这一事实。如图 2-1 所示，1993 年到 2004 年，中国境内股票筹资额与当年银行贷款增加额的比率平均只有 5.67%，最高的年份 2000 年也只有 11.55%，最低的年份 1994 年只有 1.91%，企业的外部融资基本完全依靠银行贷款。2005 年国内非金融机构融资总量中银行贷款占 78.1%，股票融资比重仅为 6%[①]。而在这一期间，信贷增长率和 GDP 增长率之间表现明显的正相关关系（国研网，2006）。因此，有不少文献便将中国银行业积累起来的巨

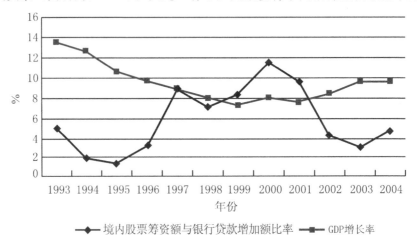

图 2-1　1993—2004 年中国融资结构与 GDP 增长率

数据来源：《2005 年中国金融统计年鉴》和《2005 年中国统计年鉴》。

---

① 数据来源于中国人民银行《中国货币政策执行报告》（2005 年第 4 季度）

额不良贷款将归结为在银行主导型的融资结构下经济波动所带来的结果。

林毅夫（2006）就认为，在发展中国家，进行产业升级时，企业所要投资的是技术成熟、产品市场已经存在、处于世界产业链内部的产业，这样企业之间容易就新的、有前景的产业达成共识，从而出现投资的"潮涌现象"，企业投资涌向相同的某个产业，并且这种"潮涌现象"在发展中国家会一波接一波地出现。而在每一波开始出现时，金融机构在"羊群行为"的影响下也乐意给这些投资项目融资。然而，等到每个企业的投资完成后，不可避免地将会出现产能严重过剩，企业大量亏损破产，银行呆坏账急剧上升。因此，对于像中国这类发展中的、追赶型的经济，经济总体上容易出现一个产业接一个产业的投资过热和产能过剩，在银行主导型的融资结构下，银行业呆坏账也将随之一波接一波地积累。与之类似，张兴胜（2003）也认为随着市场结构、经济结构的变化，产业资本盈利能力下降，出现蜂聚性的产业衰退，是导致作为主要债权人的银行信贷资产恶化的主要原因之一。事实上，正如艾伦和盖尔（2000）所表明的，与市场主导型的金融体系将投资者直接暴露在市场风险下不同，银行主导型的金融体系能够将诸如经济周期所带来的不可分散风险进行跨期平平滑，而不是在当时就直接传递给投资者本身，但这种对不可分散风险的跨期平滑本身就意味着银行不良贷款的积聚。

周忠明（2005）对江苏省不良贷款的调查就发现，在 1990 年到 2003 年期间，江苏有 71.43％的不良贷款是经济高速增长期或贷款高增长期投放的。1990 年以来的不良贷款大部分是在经济景气迅速上升，或者是在贷款增长较快时期投放出去的，经济下滑时期是不良贷款的形成时期，一旦发生信贷紧缩或贷款投放速度下降过快，大量不良贷款就会随之暴露。他的研究结果显示，70％的不良贷款的形成与宏观经济波动有关。李双（2005）一个简单的回归也表明，1997—2003 年间，大约 60％的不良贷款可以用经济周期来加以解释。

吴敬琏（2003）也认为由于银行主导型的融资结构，使得"通过银行中介，中国的高储蓄实现为高投资率，进而拉动了 GDP 的高增长。但在这个过程中，资源配置的低效率导致了资金的大量浪费，高成本、低效率的增长使银行系统的不良资产进一步积累起来。"他将中国的经济增长称之为"借来的增长"。

应当说，经济周期、银行主导型的融资结构和巨额的不良贷款并存在是中国金融的一个典型事实，而这三者之间也可能确实有着内在的关联。但是，众所周知，银行主导型的融资结构并非是中国所特有的制度特征，德国、日本等一些发达国家也是银行主导型的金融结构，也经历了不同的经济周期，而在表 2-1 中，同这些国家相比，中国银行业的不良贷款率要高得多。因此，银行主导型的融资结构和经济周期最多也只能是中国巨额"制度性不良贷款"的成因之一。在已有的文献中，融资结构和经济周期对银行不良贷款的贡献到底有多大也并没有得到有效说明。此外，中国为什么会形成银行主导型的融资结构也是一个有待回答的问题。

表 2-1　世界一些国家的不良贷款率

国家 ＼ 年份	2001	2002	2003	2004	2005
阿根廷	13.1	18.1	17.7	10.7	5.2
波　兰	—	—	10.4	9.2	7.7
法　国	5.0	5.0	4.8	4.2	3.5
德　国	4.6	5.0	5.3	5.1	4.8
意大利	6.7	6.5	6.6	6.5	6.3
英　国	2.6	2.6	2.5	1.9	1.0
中　国[*]	29.8	25.6	20.1	15.6	10.5
印　度	11.4	10.4	8.8	7.2	5.2
印度尼西亚[**]	31.9	24.0	19.4	14.2	15.6
韩　国	3.4	2.4	2.6	1.9	1.2
菲律宾	27.7	26.5	26.1	24.7	20.0
日　本	8.4	7.2	5.2	2.9	1.8
美　国	1.3	1.4	1.1	0.8	0.7

说明：[*]主要指国有商业银行的不良贷款率；[**]印度尼西亚前 16 家大银行的不良资产。

数据来源：根据《2006 Global Financial Stability Report》整理，IMF 网站。

2. 基于金融财政化视角的分析

有相当数量的学者都认为"金融财政化"，或者说"银行资金财政化"是中国巨额"制度性不良贷款"形成的主要原因，甚至是根本原因。这一视角的分析主要源于中国财政和金融在中国经济转型过程中角色的变化，李健（2005）对这一变化做了一个概略性的回顾。如图 2-2 所示，我们也可以看到，随着改革的推进，全社会固定资产投资中，国家预算内资金占比不断下降，由 1981 年的 28.1% 下降到了 2005 年 4.4%，而与此同时，国内银行贷款的比重却在不断上升，1981 年只有 12.7%，到 1992 年最高上升到了 27.4%，自 1985 年开始一直保持在 20% 左右。

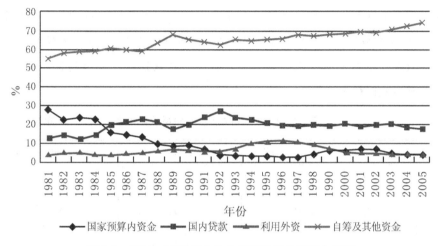

图 2-2 1981—2005 年全社会固定资产投资资金来源

数据来源：国研网。

　　改革开放以前，国有企业的资金供给主要渠道是财政拨款，1983 年资金管理体制改革后，国有企业的流动资金由银行统一管理。由于国家财力相对下降，财政对国有企业的投入日益减少乃至停止，国有企业不仅失去了财政给予的固定资金追加投资，而且断绝了财政性的流动资金来源，加上长期以来国有企业的利润如数上缴，缺乏自有积累，由此形成了国有企业资金严重不足的局面。在财政性资金来源枯竭的情况下，国有企业的生存发展只能依靠承担了"统一管理流动资金"任务的国有银行。于是，"统一管理"便逐步演变为"统一供应"，国有银行成为国有企业最可靠的资金供应者，许多国有企业的长短期营运资金都要依靠国有银行，国有重点企业的贷款中有 80% 是由国有商业银行提供的。由于长期依靠贷款，国有企业高负债经营的问题日益突出，80 年代初国有企业负债率为 25% 左右，到 90 年代中后期国有工业企业的账面资产负债率已上升到 65% 左右，如剔除账面无效资产，实际负债率达 80％左右。

　　我国财政体制改革中一个重要的问题是财政收入相对下降，但财政支出却有增无减。经济转型期间，各省财政自给率都呈下降趋势（见表 2-2）。中央和地方政府为了保证渐进式改革和经济发展目标的同时实现，政府只能通过各种方式向国有商业银行分配政策性和公共性贷款任务，这些贷款事实上发挥的是财政资金的作用，从而使国有银行承担了"第二财政"的职能，并为之付出了巨大的成本。例如，为维护社会稳定发放的"清理三角债贷款""安定团结贷款""吃饺子贷款"等，本应是财政的职能，却由国有银行来承担；财政补贴不了的亏损国有企业，就用"贷款挂账，停付利息"的办法，由国有商业银行来背包袱。

表 2-2　1979—2002 年各省级财政自给率　　　　单位：%

	1979—1987（均值）	1988—1993（均值）	1994—2002（均值）
北　京	2.21	1.19	0.76
天　津	2.12	1.27	0.70
河　北	1.16	1.01	0.61
山　西	0.92	0.98	0.57
内蒙古	0.30	0.55	0.40
辽　宁	2.05	1.12	0.64
吉　林	0.69	0.74	0.45
黑龙江	0.85	0.84	0.54
上　海	6.15	2.12	0.83
江　苏	2.05	1.31	0.72
浙　江	1.68	1.31	0.71
安　徽	1.06	0.86	0.58
福　建	—	—	0.71
江　西	—	—	0.53
山　东	1.47	0.95	0.70
河　南	1.09	0.95	0.58
湖　北	1.26	0.97	0.57
湖　南	1.14	0.95	0.55
广　东	1.20	0.98	0.79
广　西	0.67	0.77	0.55
海　南	0.53	0.54	0.62
四　川	—	1.08	0.58
贵　州	0.55	0.77	0.44

续　表

	1979—1987（均值）	1988—1993（均值）	1994—2002（均值）
云　南	0.70	0.87	0.44
西　藏	—	0.03	0.08
陕　西	0.77	0.82	0.49
甘　肃	0.89	0.76	0.39
青　海	0.25	0.44	0.26
宁　夏	0.32	0.46	0.36
新　疆	0.28	0.47	0.40
均　值	1.24	0.89	0.55
标准差	1.16	0.38	0.16
东部 1979—2002 年财政自给率均值：1.27			
中部 1979—2002 年财政自给率均值：0.76			
西部 1979—2002 年财政自给率均值：0.45			

注：财政自给率＝地方财政收入/地方财政支出。

资源来源：根据国家信息中心数据中心提供数据计算得来，http://data.xinhuaonline.com。

国有商业银行还承担了其他的财政性职能。如 1988 年政府决定对三年以上的定期储蓄实行保值时，随着通货膨胀的加剧，贷款利率却没有进行相应的调整；存款利率与贷款利率形成的倒挂利差本应由财政拨款补给银行，但财政收入增长乏力，只好由国有商业银行来承担这高达数百亿元的保值贴补款；1998—2002 年，为实施积极的财政政策，国债项目累计投资 3.2 万亿元，除国家共发行长期建设国债 6600 亿元外，大部分为国有商业银行发放的配套贷款。此外，在国有企业改制、重组或破产过程中，当企业偿还不了国有商业银行的债务时，财政又没有能力为国有企业注资使其偿还债务，为了能够实现改制的目的，大量企业想方设法逃废银行债务。据中国人民银行统计，截至 2000 年年底，在四大国有商业银行开户的改制企业有 62656 户，贷款本息 5792 亿元，其中经金融债权管理机构认定有逃废债行为的改制企业有32140 户，占 51.2%，逃废银行贷款本息 1851 亿元，占贷款本息 31.96%，国有商业银行在国有企业重组中债权流失严重。据统计，仅 1997—2000 年，四家国有商业银行为支持国有企业改制重组、兼并破产，共核销呆坏账 1829亿元。值得指出的是，国有银行的"资金供应者"角色不仅仅是针对国有企业的。在经济发展和改革过程中，但凡需要支持、鼓励、扶持和发展的部门、行业或项目，如"乡镇企业""三资企业""高新技术产业"等，从最初的投入运作中的所需资金，国有银行在各级政府和有关领导部门的指示下，也始终如一地充当了"资金供应者"的角色。

国有商业银行贷款的财政化，贷款不是以盈利为目标，虽然从宏观层面看是必须的和有社会效益或长远效益的，但从国有商业银行自身来说，却是承担了巨大的金融风险和政策风险。因此有相当部分学者认为，国有商业银行目前存在的巨额不良资产中，有相当部分实际上是其对改革和发展贡献的另一种体现，国有商业银行的金融支持及其承担的改革和发展成本，是中国经济能够在改革过程中保持持续快速增长的重要条件。

而各级政府能够将银行视为本级财政的补充，在很大程度上又是由于中国银行业的国有产权性质。王一江、田国强（2004）就认为强政府制度安排下特殊的政府与银行关系是中国银行业不良资产形成的深层原因。政府作为银行的直接所有者和控制者，为了自身的政治与经济目标而介入国有商业银行的经营，如为保证就业而补贴国有企业、为调节地区差距而向不发达地区转移资金、为拉动内需而要求扩大贷款规模等，这使得银企之间形成非经济借贷关系，政策负担导致资金配置效率低下，不良资产规模膨胀。据此，他们认为积极的外资战略可以改革政府与银行的关系，防止新的不良资产的大量产生，有推动中国银行业改革。

Dwight（2004）发展了一个基于公共财政视角来看待不良资产的理论模型。该模型表明，在政府与企业之间存在信息不对称，并且企业的成本难于验证的条件下，政府为提高就业水平，让企业承担政策性负担，利用银行贷款来补贴企业的可以对企业进行有效区分，并提供适宜的补贴数量，降低转移支付成本，因此，同直接的财政补贴和低利率政策相比，不良贷款可以以更低的成本实现政府的就业目标。基于这一逻辑，Dwight（2004）就指出改革银行产权制度，或者对银行进行再注资可能无助于银行不良贷款的下降，问题的关键在于剥离国有企业的公共服务职能和政策性负担，由于政府通过财政来承接工人的失业成本。

与此类似，周立（2004）也认为，为了弥补分权化改革后中央财政收入相对下降而带来的中央财政能力的不足，中央政府加强了金融控制，使金融业代行了部分财政功能。地方政府为了实现其经济和社会发展目标，在投、融资体制改革中，逐步加强了对当地金融机构的控制，也强化了金融业的财政作用，使得金融来沦为第二财政。金融被用于平衡预算赤字、替代财政投资、平衡地区经济差距、替代财政补贴。金融业蜕变为公共服务部门，金融资产变成了"公共物品"，由此形成了不良资产堆积如山的"公地悲剧"。高洪星和杨大勇（1998）在"经济转型"的框架中对我国国有银行的不良贷款和政策性贷款进行的一项研究表明，我国银行体系具有国家垄断、资金供给以及准财政的三大制度性特征，四大国有商业银行占银行信用供给总量的80％以上，它们的生存和发展的支柱主要不是资本充足率、经营利润以及资产质量，而是国家信用担保。只要政权稳定，国家银行就不会发生支付危机，更不会发生倒闭。这种制度的本质是国有经济，表现为信用软约束、资金供给制、倒逼扩张等多重弊端，直接后果就是不良贷款的巨额存量以及惊人的增长速度，其中产生于政策性贷款的不良债权便具有更多的体制性色彩。沈梅（2002）也认为国有商业银行不良贷款形成的制度根源是经济转型时期我国国有商业银行的产权制度安排，政府对信贷决策的干预以及由此导致的社会信用制度的缺失。从中央政府的角度来说，改革开放以来，随着中央政府财政收入逐年下降，中央财政用于国有企业的补贴由计划经济时期的明补，改为转轨时期通过银行信贷资金的暗补。对于地方政府而言，无论政府还是官员个人，由于现行体制中政府享有不对银行坏账负责的权力，介入银行贷款决策的干预成本几乎为零，而显性的外部收益与隐性的个人收益都为正，所以地方政府有足够的动因干预银行贷款，这种非市场化决策的盲目性与非理性所带来的直接后果是贷款的盲目投放与呆坏账的产生。此外，夏馨（2004）、李健（2004）、聂庆平（2002）等也认为经济转型过程中，银行的所有者代表——政府行为目标的多元化，形成政府行政干预银行的经营行为，是不良贷款形成的重要原因。

"信贷资金财政化"应当说是中国经济转型过程中一个重要的经济现象。但是，众所周知，近30年来，中国经济在转型的过程中保持了高速的经济增长，这意味着信贷资金财政化并不一定就是信贷资源的低效率配置，而银行巨额不良贷款的存在是以信贷资源的低效率配置为前提的，所以"信贷资金财政化"到底在多大程度上导致了银行不良贷款的形成，仍然是一个值得探讨的问题。1994年，中国成立国家开发银行，专门负责发放政策性贷款，将政策性投资贷款业务从商业银行贷款业务中分离出来，而截至2006年年底，国家开发银行资产总额达到23143亿元，不良贷款率只有0.72％，平均资产收益率达 1.3%，实现净利润 280 亿元。因此，政策性贷款到底在多大程度上会形成不良贷款，并不是一目了然的事性。也正是基于此，唐旭（2005）就指出国有体制下，银行坏账与利润分离的财务管理方式，银行不能自主地用利润冲减坏账，造成了政府能够得到当期税收收入和利润，而将坏账留到以后处理，使得不良贷款在银行业不断积累，形成银行业高利润高不良贷款率的格局。

从"金融财政化"视角分析"制度性不良贷款"，还有一个需要回答的问题就是，这种使得金融出现财政化倾向的制度是如何形成的，为什么会形成这样一种制度。政府干预银企关系是否存在某种合理性？如果政府对银行业务和人事、经营和决策的干预是内生于中国经济转型需要的话，那么我们可能需要另一种视角来看待由此而产生的不良资产了，也需要进一步追问这种导致产权制度形成的原因是什么，才能对中国不良贷款的生成机制给予合理的解释，并给出正确的防范措施。

3. 基于经济转型视角的分析

在转型经济学文献中，不良贷款通常被视为软预算约束的一个证明。Kornai etc.（2003）提供了一个关于软预算约束理论的系统回顾。施华强（2004）用国有企业软预算约束和国有商业银行软预算约束形成的双重软预算约束分析框架系统分析了国有商业银行不良贷款的内生性。在他看来，中国经济转型之初，1983 年和 1985 年的"拨改贷"，以及由于国有商业银行和国有企业改革时间不一致而导致的政策性贷款，这种系统性的制度安排使得国有商业银行形成了巨大的初始沉没成本存量，沉没成本客观上又使得国有银行继续向缺乏自生能力的亏损的国有企业发放贷款，形成了所谓的沉没成本的维持成本，这种维持成本巨大，并具有的自我增加的特征；而当政府对银行存在软预算约束时，商业银行的行为选择将取决于政府的评价标准和要求，选择对亏损企业继续追加融资而不是清算往往成为银行的最佳选择；再加上财政分权、金融集权下地方政府利用国有商业银行和国有企业双重软预算约束而形成的国有商业银行"公共地悲剧"，直接导致了国有商业银行巨额的"制度性不良贷款"长时间存在并且不断反复。类似地，廖国民和周文贵（2005）基于软预算约束理论，也认为由于政府不仅关注投融资的经济效益，还关注所产生的社会政治收益，因此，政府总是偏好给陷入困境的企业实施再融资，结果导致不良贷款的产生。聂凌云（2002）也认为由于国有企业承担着发展地方工业和吸纳就业的社会负担，地方政府有动力要求银行向国企实施预算软约束，而在国家采取国企优先发展的战略背景下，银行由于自身的产权及经营机制方面的因素，无法也缺乏动力去抵制地方政府的干预，最终造成了大量的不良贷款。基于这一逻辑，聂凌云（2002）建立了一个由政府、国有商业银行和国有企业之间的三期博弈模型来分析不良贷款是如何通过软预算约束机制形成的。

应当说，软预算约束现象在中国经济转型过程中确实是一种常见的现象。袁钢明（2000）于1996—1997年对吉林、四川、湖南和江苏四省800家国有企业进行调查发现，约有70%的样本企业从银行给予的推迟还贷期、以新替旧的措施中获得了帮助。银行还对企业采取了税前还贷、挂账停息、贷款转为投资和豁免还贷等措施，这些都说明银行确实对企业实行了预算软约束。而企业在还贷遇到困难时，也是优先力争政府帮助减免债务、力争银行减免债务的优先频率高达80%左右，说明在企业在遇到困难时将寻求预算软约束作为一个主要手段。因此，直观上看，政府、银行对还贷困难的国有企业普遍实行了预算软约束，这很可能造成银行了巨额不良贷款的形成。

而事实上，我国经济转型过程中，银行也确实发放了大量的政策性贷款。这种政策性贷款通常包括四部分：一是基础工业和基础设施的固定资产投资贷款；二是农产品收购和进出口产品采购所需流动资金贷款；三是支持农业、扶贫、地方发展和科技开发贷款；四是预算拨款贷款。政策性贷款的特点是优先性和低利率。除第四项预算拨款贷款由建设银行代理预算拨款贷款以外，其他三项构成政策性贷款的主要部分。在20世纪90年代，政策性贷款占银行总贷款的比例大概在35%～40%之间（见表2-3）。这部分贷款确实也是国有银行坏账存量的主要来源之一，政策性贷款所资助的项目的偿还能力往往比较差，相当一部分政策性贷款"一出银行的门就变成了不良贷款"。

同前两种视角相比，基于经济转型的视角，特别是试图利用软预算约束理论来分析中国商业银行制度性不良贷款的形成，更加侧重分析了中央政府、地方政府、商业银行以及国有企业之间的互动关系。但是，这类分析主要停

表 2-3　中国经济转型期间政策性贷款及其比例

年　份	政策性贷款（亿元）	国家银行贷款（亿元）	政策性贷款比例（％）
1979	11.85	1975	0.6
1985	1858	5907.8	31.45
1990	5459	15167	35.99
1991	6781.7	18044.1	37.58
1992	7410.9	21615.5	34.29
1993	9322.6	26461.1	35.23
1994	11485.2	32441.3	35.4
1995	14159.7	39393.6	35.94
1996	16440.1	47434.7	34.66
1997	19862	51906	38.27

资料来源：高洪星、杨大勇（2000）。

留在理论上，还缺乏比较系统的经验实证检验。而且对于不良贷款的地域性特征、所有制结构特征的分析也不够深入。

4. 对已有文献的评述

综上所述，可以看到，目前人们对中国不良贷款的生成机制并没有形成共识。一方面实践中不良贷款形成的具体原因多种多样，另一方面关于不良贷款生成机制的理论分歧也非常明显。从目前关于中国银行业不良贷款的一些实证调查来看，关于中国银行业不良资产的成因，一个几乎共同的看法是，经济环境或外部因素大约可以解释 70％～80％ 的不良资产形成的原因，而银行自身的公司治理结构和经营管理不善等只能解释银行不良资产的 20％～30％（易纲，2002；周小川，2005；李杨等，2005；信达资产管理公司，2005）。这和我们前面关于银行不良贷款可以分为"不可消除的不良贷款"和"制度性不良贷款"的提法是一致的。但是，对于经济环境或外部因素到底应包括哪些因素，却是存在不同看法。有的认为是银行主导型的融资结构加经济周期所致，有的则认为是国家控制下的"金融财政化"所致，而有的则把银行不良贷款归之于经济转转型的成本。总体上，目前人们对于到底是哪些外部因素导致了中国不良资产的形成并没有形成共识。一些理论解释要么是逻辑彻底性不够，要么对中国不良贷款主要经验特征的分析还有待于进一步深化。

　　根据本书第一章所给出的框架，内生于经济转型过程的财政分权和金融集权，使得地方政府行为出现"强化市场型""勾结型"和"掠夺型"的分别，进而使得在"强化市场型地方政府"主导的地区，经济周期和经济结构调整的代价积累在银行系统，形成大量的因膨胀性经济政策而累积的不良贷款；在"勾结型地方政府"主导的地区，倾向于把银行作为本地的第二财政，过度利用，使得银行对国有企业的贷款约束软化，出现因金融财政化而导致的不良贷款；在"掠夺型地方政府"主导的地区而言，银行的理性选择是减少贷款，从而导致该地区出现金融压抑的特征，经济不能发展，在中央政府干预下形成了政策性的不良贷款。这样，上述三种不同的解释不良贷款成因的视角就被有机统一到一个分析框架下了。在这一框架中，我国各地方政府财政能力的差异，地区经济结构的差异，以及由此而引发的地方政府行为的差异和对金融部门干预力度的差异被给予了足够的重视。下一节将围绕这一理论框架对相关的文献做一个回顾和评论。

第二节　财政分权、政府角色与不良贷款：文献评述

　　在本章第一节，我们对关于中国不良贷款成因的相关文献做了一个回顾。总体上，人们对于到底是哪些经济环境或外部因素导致了中国巨额的"制度性不良贷款"仍然存在不同看法，有从银行主导型的融资结构加经济周期的视角进行的分析，有"金融财政化"的观点，也有人归之于经济转型的成本。而在本书第一章提出的理论框架下，这些不同的分析视角将能够很好地统一到同一个逻辑架构下。本节将围绕这一理论框架，对相关文献做一个概略性的回顾。

一、不良贷款与中国经济转型的逻辑

　　在本书的理论框中，中国巨额的"制度性不良贷款"是放在中国经济转型这一大的历史背景下加以理解和分析的。中国在财政压力启动经济改

革，走上财政分权之路，使得地方政府在经济转型过程中扮演了重要的角色。而由于中央和不同地区地方政府财政分权的形式不同，再加上各地区经济结构的差异，导致了地方政府对各地区经济干预力度的不同，包括政府对银行信贷等金融资源配置的干预，地区与地区之间也存在显著的差异，从而使得银行不良信贷的成因呈现多样化，并呈现地区差异。在我的博士论文中，曾对分析中国经济转型的相关文献做过一个比较全面的评述，并以之为基础，建立起了一个从财政分析和地方行为视角分析中国经济转型的理论框架，并利用中国经济转型的相关数据对理论框架的解释力和合理性进行了检验（高鹤，2005）。事实上，随着对中国经济型研究的推进，已经有越来越多的人注意到了中国财政分权以及地方政府行为对中国经济转型所具有的意义。

在已有的文献中，有相当一部分学者认为中国以财政分权为主线的分权改革对中国的经济转型成功起了关键性作用。持这一看法最具代表性的可能要算钱颖一及其合作者了，他们从不同角度探讨了分权改革影响中国经济转型的各种可能渠道。钱颖一和温加斯特把财政分权后所形成的中国政府体制格局称为"维护市场的经济联邦制"（market-preserving federalism）。他们认为，分权改革创造了一个来自地方和基层的改革支持机制，并使得地方政府可以对中央政府形成经济上的制约，从而保证了有效率的改革得以不断往前推进而不致逆转；分权改革还创造了允许不同地区进行不同试点的改革环境；同时分权改革引入了地方政府之间的竞争，使得各地方政府努力提供一个良好的环境以吸纳生产要素；分权改革也降低了地方政府操纵本地区企业的可能性，迫使地方政府容忍甚至鼓励私有企业的发展，为非国有企业的进入和扩张提供了机会和可能性；分权改革还硬化了地方政府的财政约束，促使地方政府提高资源配置效率；财政分权使得中央政府可以利用竞标竞争，对地方政府官员形成强有力的激励；（Qian & Weingast，1996；Maskin，Qian & Xu，2000；Qian & Roland，1998）。与钱颖一等人的观点一致，张维迎和粟树和（1998）、朱恒鹏（2004）也认为20世纪80年代初的地方分权化改革导致了地区间竞争，而地区间竞争又反过来引发国有企业民营化。杨瑞龙和杨其静（2000）则提出"地方政府是连接中央治国者的制度供给意愿和微观主体制度需求的重要中介"。

"财政压力决定了改革的起因和路径"（张宇燕、何帆，1998）。应当说，这些看法大都是基于对中国经济转型的经验观察而提炼出来的，在不同层面触及了中国经济转型的本质特征。但这些理论假说都或明或暗地认为，在面临统一的中央政策决策或经济冲击时，各地方政府反应是一致的。而事实上，由于各地区要素禀赋、产业结构以及国有企业比重等转型起点的不同，面临同样的政策或经济冲击时，各地方政府所受激励不同，会表现出不同的行为方式。陈抗等（2002）构建的一个中央与地方博弈模型就表明，当财政集中度增大，将可能使得地方政府行为从"援助之手"转变为"攫取之手"。陶然等（2003）也指出由于各级政府之间存在信息不对称，各地区社会经济结构存在差异，中央政府的管制措施在全国范围内推行，各地区具体实施会表现出不一致，从而形成了各地方政府经济干预力度的差异。

与前面认为财政分权和地方政府推动了中国经济转型的文献不同，也有不少文献认为财政分权在中国经济转型过程中起了不可忽视的消极影响。首先，财政分权导致了地方保护主义、重复建设和某些领域的无序、恶性竞争等消极后果（沈立人、戴园晨，1990；吴敬琏，1991；陆铭等，2004）；其次，财政分权造成了中国经济转型过程中的投资波动和投资膨胀，同时削弱了中央财政进行全国性基础设施的投资能力（中国社会科学院经济研究所宏观经济管理课题组，1987；Zhang & Zou，1996）；此外，不规范的财政分权也导致了非正式财政收入规模膨胀（贾康和白景明，1998；杨雷，2003）。

基于已有的这些研究，我通过放松不同地区地方政府行为是一致的这一隐含假定，引入地区经济结构、地方财政能力的差异，强调中央政治集权和金融集权之于中国改革的意义，构建起了一个分析中国经济转型的比较全面的理论框架，使得中国增量、试点、双轨制等改革特征，以及不同地区市场化进程的差异能够在同一个理论框架下加以分析和理解（高鹤，2005）。但是，上述的这些研究，关于财政分权以及各地区地方政府行为的差异对金融部门的影响却都并未给予足够的重视。事实上，财政和金融作为政府影响社会资源配置的两个主要渠道，当财政分权改变中央和地方政府财政能力的时候，将不可避免的会导致其施加于金融部门的行为方式发生改变。而地方政府间财政能力的差异，也会使得它们干预金融部门的行为出现差异。

金融部门本身也会因各地区经济结构、财政能力的差异而实施不同的经营方式。正如本书第一章所指出的，当财政分权和地区经济结构使得中国经济转型过程中，地方政府行为出现"强化市场型""勾结型"和"掠夺型"分别时，在"强化市场型地方政府"主导的地区，地方政府倾向于通过推动市场的发育来促进经济的发展，这又使得经济周期和经济结构调整的代价积累在银行系统，形成大量的因经济波动而导致的不良贷款；而在"勾结型地方政府"主导的地区，地方政府倾向于通过干预全国性商业银行的本地支行的经营，将其作为本地区的第二财政，使得银行对国有企业的贷款约束软化，从而形成因"金融财政化"而导致的不良贷款；在"掠夺型地方政府"主导的地区，全国性以集权制为特征的商业银行的理性选择是减少贷款，从而导致该地区出现金融压抑的特征，使得中央政府出于平衡地区发展的考虑，干预银行在当地的经营，导致因政策性的因素和金融压抑的因素所带来的不良贷款。

各级政府能够通过金融部门来汲取社会资源，或者对金融部门施加影响来获得金融支持，这意味着政府能够对金融部门实施有效的控制。在中国，一直以来是银行主导型的融资结构。中国为什么形成了银行主导型的融资结构，不同级别的政府主要通过哪些渠道和方式来控制或影响中国银行业的信贷供给。接下来我们对这些问题的相关文献做一个回顾。

二、政府角色、融资结构与不良贷款

中国经济在转型过程中一直是保持着银行主导型的融资结构，而这种银行主导型融资结构中的银行部门在转型过程中又是牢牢被政府所控制着。表2-4中，1995—2006年近12年间，包括中国人民银行、政策性银行、国有独资商业银行、邮政储蓄机构在内的国家银行的存款和贷款始终占到全部金融机构存贷款的60%以上，在2000年以前更是高达70%，从资金来源和运用的总额上看，国家银行在整个金融机构中占比在70%以上。此外，值得指出的是，其他商业银行，比如城市商业银行、城市信用社、农村商业银行、农村信用社、信托投资公司、财务公司等，事实上也是为各级政府所掌控，或者政府部门占据着控股部门，如信用合作社本身就是地方政府推动建立的准政府金融机构。

表 2-4　1995—2006 年中国银行业市场结构

年份	国家银行（亿元）			全部金融机构（亿元）			国家银行		
	存　款	贷　款	资金总计	存　款	贷　款	资金总计	存款占比（%）	贷款占比（%）	资金总额占比（%）
1995	38782.6	39393.6	51381.5	53862.2	50538	62628.6	72.00	77.95	82.04
1996	49593.3	47434.7	63246.7	68571.2	61152.8	76971.2	72.32	77.57	82.17
1997	60003	59317.5	77831.9	82390.3	74914.1	94181.5	72.83	79.18	82.64
1998	69782.2	68442.1	90865.8	95697.9	86524.1	110420.5	72.92	79.10	82.29
1999	79973.5	73695.8	101169	108778.9	93734.3	123230.6	73.52	78.62	82.10
2000	90892.7	76393.8	110128.6	123804.4	99371.1	135483.7	73.42	76.88	81.29
2001	97346.9	80077.6	118424.2	143617.2	112314.7	154876.1	67.78	71.30	76.46
2002	113452.28	90892.63	137173.46	170917.4	131293.9	184024.5	66.38	69.23	74.54
2003	134650.27	106155.93	164523.89	208055.6	158996.2	225313.3	64.72	66.77	73.02
2004	153556.6	116050.92	193542.82	241424.32	178197.78	262739.95	63.60	65.12	73.66
2005	181114.15	120851.06	219941.28	287163.02	194690.39	302042.84	63.07	62.07	72.82
2006	208243.61	136494.25	266850.86	335434.1	225285.28	365168.25	62.08	60.59	73.08

注：（1）国家银行统计口径包括中国人民银行、政策性银行、国有独资商业银行、邮政储蓄机构；（2）金融机构统计口径包括中国人民银行、政策性银行、国有独资商业银行、其他商业银行、城市商业银行、城市信用社、农村商业银行、农村信用社、信托投资公司、财务公司、租赁公司、邮政储蓄机构、外资金融机构。

资料来源：根据国研网相关数整理。

根据本书理论框架，政府主导的银行体系成为企业的主要外部融资渠道，是中国银行业不良贷款出现成因地区差异化的另一个重要原因。在间接融资为主的情况下，当市场在资源配置中起基础性作用时，经济波动带来风险会不可避免地积聚在银行业当中，而在那些政府仍然能够控制或影响经济主体行为的地区，当政府对银行也有很强的控制力时，不可避免也会去干预银行的运营，以为本地经济发展或其他政治目标而服务，从而导致不良贷款的形成。因此，要解释中国不良贷款的形成，必须要对中国政府主导型的银行体系的形成做出合理的解释。

关于为何为会形成银行主导型的融资结构，在已有的研究中大体上有两类不同的但相互补充的视角：一类是法与金融的视角。Beck 和 Levine(2003) 提供了一个关于的法律制度和金融发展之间关系的文献综述。La porta Rafael，Lopez-de-silanes Florencio，Shleifer Andrei and Vishny（以下简称 LLSV）等人的一系列文章表明，在能够有效保护私人产权、支持私人合约安排、保持投资者权利的法律体系下，资本市场在企业融资中将扮演主要角色，而在那些既不能有效为个人产权保护提供支持，又不能促进经济主体之间达成协议的法律制度的国家中，会更加偏向于以银行融资为主（LLSV，1997，1998，2000）。Demirguc-Kunt 和 Levine(1999) 对世界 150 个国家金融结构的经验分析表明，在大陆法系，特别是法国民法传统影响深厚，缺乏良好的会计准则，不能有效为股东权益提供保障的国家，将会更加依赖银行融资，而对于习惯法系、能够有效为股东提供产权保护的国家，更加倾向于市场主导型的融资结构。

值得一提的是，有不少学者注意到，民法法系更加倾向于强化政府的权利，而不是个人的权利，而强势的政府往往会直接干预社会资源配置使其流向政府所偏好的目标，从而阻碍竞争性资本市场的发展；相反，习惯法法系则更加倾向于保护私人产权，抑制政府的权利，从而促进金融体系的发展（La Porta，et al.2003；LLSV，199；Rajan and Zingales，2003）。

此外，Bailey 和 Rubin(1994) 指出，成文法往往对经济和环境的变化反应迟缓，不能根据经济发展的需要进行及时调整和改正，由于法律缺乏足够的灵活性，成文法往往会阻碍资本市场发展，使社会更加依赖于银行进行融资。

另一类分析一个社会为什么会形成银行主导型融资结构的视角是经济发展和经济结构的视角。在这一视角下，由于银行在货币信用创造、信誉提升和信用扩展、信息收集和处理、谈判能力和合同执行能力的提高、资金使用情况的监督等方面，相比直接融资市场更具比较优势，详见表2-5。而在经济发展初期，主要面临的是市场交易上的信息障碍、合同实施风险和资本积累的流动性风险，相比较而言，产业技术和市场需求具有更大的确定性，上述供求两个因素的结合，就使得银行作为社会融资渠道更为适合经济发展初期，或者说处于工业化过程中的经济需要（韩玲慧，2006）。

表 2-5　市场主导型与银行主导型融资结构的比较优势和劣势

	市场主导型的融资结构		银行主导型的融资结构	
	比较优势	比较劣势	比较优势	比较劣势
流动性功能	提供流动性，有利于企业创新，促进企业运作和经济增长	市场价格波动	资产的期限转换，向企业提供稳定的流动性，有利于投资	可能榨取超额租金，妨碍企业的创新；挤兑风险
价格发现功能	二级市场的交易有利于金融资产价格的发现	资产价格泡沫	企业价值的判断比较准确	垄断价格、买卖差价
风险分散功能	建立资产组合，规避同一时间点上的非系统风险	不能规避系统性风险	更好地进行跨期和跨部门的风险管理	风险分散的成本较高（协议不完备所致）
信息生产功能	竞争性的资本市场能够收集分散的信息，将信息反映在价格上，有效地传递给投资者	信息成本，搭便车现象，逆向选择	具有信息优势，能更多地了解企业和经理人的信息，减少贷款前后银行的逆向选择和企业的道德风险	当企业处于流动性困境时，具有信息垄断的银行有可能"趁火打劫"，修改融资条件，使企业更为不利
公司治理功能	交易更容易获取利润，所以投资者就更有动力对公司治理进行研究；在发达的金融市场上，公司治理结构的好坏很容易体现在金融资产的市价上，公司业绩的公开也能促进公司治理	在流动性很强的市场上，由于投资者能够以低成本将所持有的公司股份卖掉，投资者就不会有动力监管公司的治理	位于信息优势，更好地监督公司的经营行为，减少道德风险的发生；当一国的法律体系不发达，对履行合同的强制力很弱的情况下，它能有效促使公司偿还债务，利于国家产业扩张	银行与企业的密切关系妨碍企业参与市场竞争，银行甚至会与公司的经理人合谋，有损于其他债权人的利益（银行的道德风险）；大银行本身就类似于公司，存在代理人问题

资料来源：孙立坚，《金融体系的微观传导机制》，清华大学中国经济研究中心工作论文，2003。

　　综合上述两类视角，就中国而言，众所周知，开始于 1978 年中国由计划向市场经济的转型，伴随的是中国经济的工业化、城镇化过程，而中国保护个人权益的法律体系也是几乎从无到有在逐步建立起来的，并且采用的是成文法，因此，我们说，中国经济转型过程中形成了银行主导型的融资结构有其内在必然性。一方面，中国经济发展所处的阶段使得银行在动员和配置社会资源方面具有比较优势，内生要求银行作为资源配置的主体；另一方面，在有着计划经济传统的社会构建保护投资者权益的法律体系本身就需要一个社会转型的过程，这必然意味着支持直接融资市场的相关法律法规的缺失，再加上经济转型，新的经济交往形式层出不重，制订的成文法也往往不能及时适应经济需求，在此情况下，银行自然也就成了社会融资的主要渠道了。

当然，如前所述，在中国经济转型过程中，不仅仅是银行主导型的融资结构，而且是政府始终是牢牢地控制着银行体系。在本书关于不良贷款形成的解释性理论框架中，银行主导型融资结构是一个重要因素，但更为重要的是，在这种银行主导型的融资结构下，政府还实行着对银行的绝对控制。因此，在回顾了为什么会形成银行主导型融资结构的相关文献之后，有必要对关于政府为什么会去控制银行的相关做一个回顾，并在此基础上给出中国政府在经济转型期间控制银行的体系的原因。

在已有的文献中，大体上有两类主要的视角来解释政府对银行的控制，或者说政府控制银行所有权。一类被称为"发展"的视角，在这类视角下，银行国有化，可以使得政府有效地集中资源来实施其发展战略，在缺乏商业信用，需要为产业进行大规模地长期融资的情况下，政府直接控制金融，可以克服资本市场的制度性融资缺失，促进经济增长（Alexander Gerschenkron，1962；Myrdal，1968）；另一类则被称为是"政治"视角，这类视角与前面强调银行国有化的社会目标不同，在这一视角下，政府控制银行等金融机构是因为政治家和官员为了获得政治上的支持，或者是其他政治动机及个人私利，因此更加倾向于向那些缺乏效率但政治可行的项目提供融资（Shleifer and Vishny，1994；Frydman et al.，1999）。

LLS(2003) 所做的一项经验实证研究表明，即使在 20 世纪 90 年代，银行国有化在世界各地也是非常普遍的，而在人均收入越低、金融系统越不发达、政府越倾向于干预主义和无效率、产权保护越弱的国家，政府持有银行的股权比例越高，政府控制银行系统并没有像"发展"视角理论所预期的那样带来更高的生产率和人均收入，相反，倒是支持了"政治"的视角，银行国有化导致资源配置面临更多的政治压力，也降低了配置效率。

在国内的相关研究中，张杰（2007）认为政府介入经济的程度取决社会的合作能力，而有着集体主义传统的社会相对于个人主义盛行的社会，其内生的社会合作能力较弱，在这种社会中政府能够起到提升社会合作能力的作用，由此他发展了一个制度有效组合分析框架，基于这一框架，他试图内生化政府主导型的银行体系。在他看来，集体主义传统会带来两个结果，一个是政府银行组织对于存款人具有显示声誉方面的比较优势，另一个是相比于个人主义传统的经济中，会内生出更多的在短期内具有低风险和低回报的长期有效项目，这使得在像中国这种有着较长时期的集体主义传统沉淀的社会，政府主导型的银行体系成为一种合理的制度安排。他进而指出国有银行项目选择与信贷配置的"外部性"决定了其拥有不同于私人银行的资本充足率和不良贷款的均衡水平，国有银行改革的关键在于有效还原作为出资人的政府的完整市场角色以及优化与此紧密相关的监管制度，而不是所谓的市场化。

就中国银行业而言，在经济转型过程中，政府事实上一直都试图对银行业金融机构进行改革。比如在1993年银行业实行商业务和政策性分离以前，在1986年、1988年和1991年，都曾有过几次试图对银行（包括工行、农行、中行和建行，当时被称为专业银行）进行实质性改革计划，但都没有实施。谢平（1994）对当时银行业改革滞后的分析，今天看来仍然是十分富有启发。首先他概括了当时中国银行的6个基本特征：机构设置地方化，使分支行几乎成为地方政府的一个部门；内部机构行政等级制，形成"官本位"激励机制；政策性业务与商业化业务的混合，掩盖了银行本身的低效率；信贷业务被政府计划控制；银行经营实行产业分工，以及财务管理上统收统支。以此为基础，他认为中国银行改革滞后的根本原因是多方利益博弈的结果：就银行本身而言，其垄断地位导致内部改革动力不足，并联合抵制外部改革压力；就中央政府而言，由于银行的营业税和利润上缴是中央财政收入的主要财源（当时约占中央财政收入的1/6），出于怕影响中央财政收入的考虑，而且由当时银行负有"宏观调控职能"，承担了全部政府指定用途的政策性贷款、相当部分的商业性贷款也流向了政府所希望的企业（特别是国有企业）和部门，银行贷款总量对社会总需求影响也很大，再加上改革的不确定性，也就失去推动银行改革的动力；就地方政府而言，地方政府对银行分支行的信贷业务有较大的指挥权，是其眼中的"第二财政"，所以也不支持银行改革；就国有企业而言，很大程度上把银行看作是其资金的供应者而不是债权人，国有银行贷款约束很弱，所以企业对银行改革的需求也不大。银行本身、中央政府、地方政府、国有企业四个利益主体都缺乏对银行改革的动力，使得在中国的经济转型过程中，一直保持着政府主导的、以银行为主体的融资结构，也导致了银行贷款质量的下降。

综上，关于中国在转型经济过程中为什么会形成政府对银行的控制，基本上可以从如下逻辑得到解释，发端于计划体制的经济体系本身就缺乏对投资者权益的保护，政治集权使得立法以及法律的执行总是滞后于中国经济转型的需要，这两者使得投资者产权的保护更加依赖于行政决策机制；而在具有集体主义传统的社会中，政府拥有和控制银行相对于私人银行在动员储蓄和贷款项目选择方面又具有比较优势；再加上政治集权下中央政府有动力通过银行来实现其政治目标，这三个因素导致了政府对银行的所有权。一旦政府控制了银行所有权，并且使银行取了融资的垄断地位以后，银行本身、中央政府、地方政府、国有企业四个利益主体都将缺乏对银行政企合一改革的动力，这使得政府主导的、以银行为主体的融资结构在中国的经济转型过程中一直得以持续，直到由于中国加入 WTO，国外金融机构的进入，外部竞争的压力才使得中国金融业克服既得利益者的阻碍，走向实质性改革之路。

第三节　中国银行业改革历程：现状与事实

本章第一、二节对关于不良贷款成因、中国经济转型过程中银行业形成、经营及改革逻辑的相关文献做了一个回顾。本节将对中国银行业改革的历程做一个概略的回顾，为第一章所提出的理论分析框架提供一个历史事实的铺垫。

一、中国银行业改革历程概略

中国金融体制改革是以计划金融体系为基础展开的。表 2-6 给出了 1979 年以来中国银行改革的主要历程，可以看到，1994 年以前，中国金融改革主要是以增设银行机构为主要特征，1994 年以后中国开始启动金融体系的市场化改革，资金配置和金融资产交易开始走向市场。已有不少学者对中国金融体制改革或银行业改革的历程都做过很好的回顾和评述（吴晓求等，2006；唐双宁，2005），接下来我将主要从中国金融深化、银行业市场结构、银行业务结构、利率市场化等方面对中国银行业改革历程做一个简单的回顾。

表 2-6　1979—2007 年中国银行业改革的主要历程

日　　期	措　　施
1979 年 2 月	中国农业银行（ABC）从"大统一"的中国人民银行（PBC）分立出来
1979 年 3 月	设立中国银行（BOC），同时国家外汇管理局从中国银行分离出来，接受人民银行的管理
1979 年 10 月	中国建设银行（CCB）建立（由财政部一个司局转变而来），由国务院直接领导
1981 年 1 月	中国开始发行国库券
1981 年 12 月	在世界银行（后为亚洲开发银行）贷款支持下设立中国投资银行（CIB）
1982 年	中国开始发行地方企业债
1983 年 9 月	国务院决定建立中央银行体制
1984 年	开始允许国有企业以发行债权和股票的形式进行融资
1984 年 1 月	人民银行开始行使中央银行职能，设立中国工商银行（ICBC）承接人民银行此前所保留的存、贷款业务
1985 年	专业银行在经济特区的分支机构被允许进行外汇交易
1986 年	政府允许国库券在 5 大城市进行公开交易
1987 年	国家外汇管理局允许 133 家（包括 55 家银行分支机构和 78 家信托投资公司）进入外汇市场
1988 年	中国开始实行《破产法》
1988—1993 年	中国共设立 90 家证券公司，386 家信托投资公司
1990 年	设立上海和深圳证券交易所
1992 年	银行被允许注销 5 亿元以内的贷款，更大额度贷款的注销需要国务院审批
1994 年	中国投资银行转变为商业银行，可以从事存、贷款业务和外汇交易
1994 年	分别设立中国农业发展银行，国家开发银行，中国进出口银行三家政策性银行，承接四家专业银行的政策性业务，四家专业银行转变为商业银行。同年 1 月 1 日，统一外汇汇率
1995 年	颁布《商业银行法》
1996 年 1 月	民生银行设立，是第一家非国有银行
1997—1998 年	中国降低利率，并允许在国家规定的利率水平上加大贷款利率浮动幅度
1998 年	人民银行改革信贷计划体制，开始基于资产负债管理来配置贷款
1998 年	中国注资 2700 亿元来改善国有银行的不良贷款问题
1998 年 10 月	广东信托投资公司破产

续　表

日　期	措　　　施
1999 年	人民银行设立 9 大地区支行，放松对外资银行人民币业务的控制
1999—2000 年	中国将四大国有银行 1.4 万亿元的不良贷款对口剥离至相应的设立的 4 家资产管理公司，分别为华融、信达、东方和长城资产管理公司
2001 年 12 月	中国加入 WTO，承诺 5 年以后全面开放国内金融市场
2002 年 7 月	中国银行（香港）有限公司在我国香港联交所上市，实现国有控股商业银行首次深入海外上市
2003 年 1 月	花旗集团被允许购买上海浦东银行 5% 的股权
2003 年 3—4 月	中国修改《中央银行法》，分离将人民银行对银行的监管职能，设立中国银行业监督管理委员会
2003 年 8 月	开始农村信用合作社（RCC）改革试点
2003 年 12 月	中国启动新一轮银行改革，分别向中国银行和中国建设银行注资 225 亿美元，同时核销中国建设银行 569 亿元、中国银行 1400 亿元损失类贷款。注册成立中央汇金投资有限责任公司
2004 年 6 月	贵州花溪农村合作银行成立，是中国第一家农村合作银行
2004 年 6 月	中国银行、中国建设银行向中国信达资产管理公司转让 2787 亿元可疑类不良资产
2005 年 4 月	中国政府向中国工商银行注资 150 亿美元
2005 年 5—6 月	中国工商银行转让损失类、可疑类贷款共计 7050 亿元
2005 年	中国开始银行资产证券化试点
2005 年 8 月	交通银行上市
2005 年 8 月	设立汇达公司，是中国第五家资产管理公司，帮助处置人民银行的不良资产
2005 年 10 月	中国建设银行在我国香港联交所上市
2006 年 7 月	中国银行在上海证券交易所上市
2006 年 10 月	中国工商银行在上海证券交易所和中国香港联交所上市
2007 年 1 月	中国第三次中央金融工作会议召开

资料来源：根据 Nicholas Hope and Fred Hu(2006) 整理。

二、中国金融深化历程

　　理论和经验研究都表明，金融在经济发展中发挥着至关重要的作用。早在上个世纪初熊彼特（1912）就指出功能完好的银行通过鉴别那些能成功地开发新产品和新的生产方法的企业家，并且为其提供融资从而刺激了技术进步。希克斯（1969）认为金融体系通过资本动员在启动英国工业化的过程中发挥了重要作用。King 和 Levine(1993) 对 80 多个国家 1960—1989 年间的实证研究就发现，一个国家的金融发展速度和未来十年该国的经济增长、资本积累和生产率增长之间有很强的相关性。Rajan 和 Zingales(1998) 的研究也发现一个国家金融市场和金融机构的发展大大促进了一些需要长期外部融资的行业发展。Levine(1997) 在一篇综述文献中总结了金融的几种功能，包括风险改善、信息获取和资源配置，对经理人员的监督，储蓄的积聚以及商品、服务和金融合同交易的简便等。因此，考察一个国家金融改革的历程，有必要首先对该国金融深化的状况做一个考察，下面我们便从货币化比率与金融相关比率这两个主要指标来分析经济转型过程中中国的金融深化程度。

（一）货币化比率（M2/GDP）

货币化比率反映了经济货币化程度，尤其是反映了通过银行系统创造货币的相对规模。使用 M2/GDP 的比率来表现一国的货币化程度是一种较为流行的指标（麦金龙，1973）。在中国，M2＝M0＋企业活期存款＋准货币＝M0＋企业活期存款＋储蓄存款＋定期存款＋其他存款。在表 2-7 和图 2-3 中，中国的广义货币与国内生产总值之比率（M2/GDP）在改革期间呈快速直线上升趋势，M2/GDP 指标逐年上升，从 1978 年的 0.32 到 2006 年的 1.65，2003 年最高达 1.88，该比率速度之快，在发展中国家金融深化的案例中是罕见的。无论在增长速度，还是在具体时点，都要高于其他国家（谢平和张怀清，2007）。表 2-8 中，中国与日本、美国、英国、韩国的情况比较，中国的 M2/GDP 指标值是最高的，其次是日本，再次是英国，韩国和美国的指标不及中国的一半。与中国 M2/GDP 表现异常相对应的是，中国 M0/GDP 虽然在 1980—1993 年保持了上升趋势，但 1993 年以后则相对比较稳定。通常，人们认为 M2/GDP 只要达到了 1，就可以说一国的货币化过程已经完成。如果从这个角度来看，中国于 1993 年就完成了货币化过程。对于中国 M2/GDP 的异常表现，谢平和张怀情（2007）从货币基础理论出发，认为是在中国社会转型的背景下，银行主导的金融系统和商业银行巨额不良资产的存在导致了中国 M2/GDP 异常的主要因素。

表 2-7　中国货币化比率

年 份	现价 GDP(亿元)	M2(亿元)	M1(亿元)	M0(亿元)	M2/GDP	M0/GDP
1978	3624.10	1159.10	—	—	0.3198	—
1979	4038.20	1458.10	—	—	0.3611	—
1980	4517.80	1842.90	—	364.20	0.4079	0.0806
1981	4862.40	2234.50	—	396.30	0.4595	0.0815
1982	5294.70	2589.80	—	439.10	0.4891	0.0829
1983	5934.50	3075.00	—	529.80	0.5182	0.0893
1984	7171.00	4146.30	—	792.10	0.5782	0.1105
1985	8964.40	5198.90	3340.90	987.80	0.5799	0.1102
1986	10202.20	6721.00	4745.70	1218.40	0.6588	0.1194
1987	11962.50	8349.70	5714.60	1454.50	0.6980	0.1216
1988	14928.30	10099.60	6950.50	2134.00	0.6765	0.1429
1989	16909.20	11949.60	7347.10	2344.00	0.7067	0.1386
1990	18547.90	15293.40	8793.20	2644.40	0.8245	0.1426
1991	21617.80	19349.90	10866.60	3177.80	0.8951	0.1470
1992	26638.10	25402.20	15015.70	4336.00	0.9536	0.1628
1993	34634.40	34879.80	16280.40	5854.70	1.0071	0.1690
1994	46759.40	46923.50	20540.70	7288.60	1.0035	0.1559
1995	58478.10	60750.50	23987.10	7885.30	1.0389	0.1348
1996	67884.60	76094.90	28514.80	8802.00	1.1209	0.1297
1997	74462.60	90995.30	34826.30	10177.60	1.2220	0.1367
1998	78345.20	104498.50	38953.70	11204.20	1.3338	0.1430
1999	82067.46	119897.90	45837.30	13455.50	1.4610	0.1640
2000	89468.10	134610.30	53147.20	14652.70	1.5046	0.1638
2001	97314.80	158301.90	59871.60	15688.80	1.6267	0.1612
2002	105172.34	185007.00	70881.80	17278.00	1.7591	0.1643
2003	117390.17	221222.80	84118.60	19745.90	1.8845	0.1682
2004	136875.87	254107.00	95969.70	21468.30	1.8565	0.1568
2005	182321.00	298755.70	107278.57	24031.67	1.6386	0.1318
2006	209407.00	345577.91	126028.05	27072.62	1.6503	0.1293

资料来源：根据谢平和张怀清（2007）、国研网、国家统计局、人民银行网站相关数据整理而得。

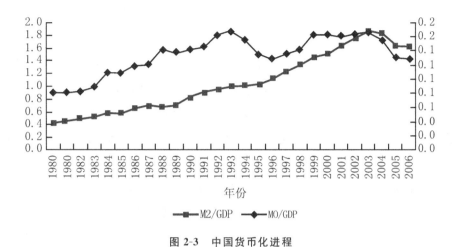

图 2-3　中国货币化进程

表 2-8　中、日、韩、英、美 M2/GDP

年　份	中　国	日　本	韩　国	英　国	美　国
1992	0.95	1.076	0.400	0.962	0.633
1993	1.01	1.090	0.420	0.954	0.612
1994	1.00	1.114	0.435	0.961	0.578
1995	1.04	1.135	0.437	0.966	0.584
1996	1.12	1.108	0.457	1.086	0.588
1997	1.22	1.140	0.483	1.045	0.592
1998	1.33	1.206	0.575	1.073	0.621

数据来源：转引自陈杰（2005）。

（二）金融相关率（FIR）

金融相关率是指金融资产总量与国民经济之比，它体现了金融业在经济中的地位，反映了利用各种金融工具来引导现实经济活动的水平（戈德史密斯，1969）。与货币化比率不同的是，它的分子项含非货币化金融工具，数值要比货币化大。金融总量的增长在经济发展初期表现在直接交易货币量 M1 的增加，即货币化程度提高，当经济发展到一定程度，便是 M2、M1 同时增长。且前者增长更快。到经济比较发达之后，M2 的增长速度相应较慢，而非货币性金融工具（如各类债券、票据、股票等）的增长速度相应加快，即"经济金融化"。

关于中国金融资产总量，易纲（1996）曾分别计算了中国 1978 年、1986 年、1991 年和 1995 年的金融资产结构，得到中国金融资产总量占 GNP 之比由 1978 年的 0.94 上升到了 1995 年的 2.21，并指出这反映了中国经济转型过程中金融不断深化的过程，而在 20 世纪 80 年代这一比率上升比较快，进入 90 年代后，此比率的上升速度慢了下来。张新（2003）计算了 1993 至 2001 年连续 9 年的中国金融资产总量及其占 GDP 的比重，发现 20 世纪 90 年代我国金融资产总量呈加速递增，中国金融资产结构严重偏向货币资产，仅有 20% 的份额是股票资产和债券资产，但从趋势来看，全社会资金从主要流入银行体系逐步转变到以股票资产和债券资产等多元化为主的流动格局。

按照资产选择理论，根据流动性大小，资产可以被划分为货币资产、股票资产、债券资产和实物资产。借鉴上述研究成果，我用 M2（＝流通中现金＋活期存款＋定期存款＋储蓄存款＋其他存款）来计量货币资产；用股票市场市价总量（包括流通和非流通股市值）来计量股票资产；用债券余额（包括国债、金融债、企业债、次级债、国家投资债和国家投资公司债）来计量债券资产总量，进行加总求和，得到我国经济改革以来的金融资产总量。然后以 GDP 代表国民经济总量，这样我们就可以用上述计算得到的金融资产总量与 GDP 之比来金融相关率（FIR）。

图 2-4 给出了我国 1978—2005 年各年的金融相关比率。可以看到，中国经济转型过程中，金融相关比率从 1978 年的 0.32 上升至了 2005 年的 2.08，金融深化过程还是很明显的。并且在 1995 至 2000 年间呈现加速增长趋势。从 1997 年开始，股票资产和债权资产在金融资产中的占比为 20% 以上，2000 年一度高达 30% 以上，这也就是说直接融资在中国融资结构中发挥比较大的，或者说比较重要的作用，应该还是在 1997 年以后。我国总体上仍然是一个间接融资为主导的金融体制，银行体系在整个金融体制占据着重要而关键的作用。值得指出的是，2004 年和 2005 年中国金融相关率呈现下降趋势，这主要是源于这两年年末债券资产全额下降和股票市值下降所导致的。

从金融相关率和货币化率来看，中国货币化和金融深化已达到了相当高的程度，但我们并不能就此断定中国金融发展程度很高，不再是"金融抑制"

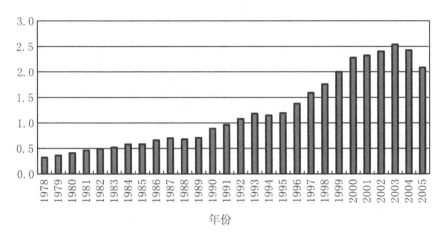

图 2-4　1987—2005 年中国金融相关比率

型经济了，这只能说明中国的金融发展带有明显的数量型特征（王晓芳，1999）。要讨论金融深化程度，我们还必须评价金融发展的质量。

三、中国银行业市场结构的变迁

我国银行体系除了中央银行外，银行机构主要包括：三大政策性银行、四大国有商业银行（目前已有三家上市），12 家股份制商业银行，118 家城市商业银行，3 家农村商业银行，198 家外资银行机构（2006 年年底），以及3.55 万家农村信用合作社，700 多家城市信用合作社。，我们根据表 2-4 可以看出，中国经济在转型过程中，国有商业银行始终处于垄断的地位，主导着中国的融资体系。但从表 2-4 中我们也可以看到，随着改革的推进行，国家银行存、贷款的占比也在不断下降，存款占比由 1995 年的 72% 下降到了2006 年的 62%，下降了 10 个百分点，贷款则由 77.95% 下降到了 60.59%，共下降了近 17 个百分点。

事实上，我们从国有商业银行的资产规模来看，也可以看到中国国有商业银行在市场中的地位在不断地下降。表 2-9 中，虽然从绝对规模来看，国有商业银行资产规模由 1993 年 3 万多亿元上升到了 22 万多亿元，但占银行业金融机构资产的比例却是由 1993 年的 0.826 下降到了 2006 年的 0.513。其间，股份制银行、城市商业银行和外资银行在中国迅速扩展，在市场中扮演了越来越重要的角色。

表 2-9　国有商业银行资产规模及占比

年　　份	1993	1995	1999	2003	2005	2006
资产总额（亿元）	30473.4	46348.6	86431	151940.6	196579.7	225390.4
占银行业金融机构的比例/%	0.826	0.796	0.784	0.549	0.525	0.513

资料来源：1999 年及以前数据来源于张新（2003），2003 年及以后数据来源银监会网站。

　　李华民（2005）计算了从 1994 年到 2002 年中国银行业四家国有商业银行的市场集中度（CR_4），见表 2-10。根据行业集中度衡量市场结构的理论，在 $CR_4 > 50\%$ 时，市场就处于高度集中的"寡占"状态。中国银行业市场集中度，从静态的年横截面来看，无论是资产规模，还是存款和贷款等各项业务的 CR_4 指标未曾低于 60%。值得指出的是，尽管经营指标显示出较高的市场集中度，但是国有银行利润贡献度始终是低于其资本集中度的，这在一定程度上反映了中国国有银行经营效率相对低下的特征。而资产、存款和贷款市场集中度的下降速度要快于利润集中度的下降速度，又反过来说明从纵向而言，中国四家国有商业银业的经营效率是在不断提高的。

表 2-10　中国银行业 CR_4 及其变迁

	1994	1995	1996	1997	1998	1999	2000	2001	2002
资产	79.53	76.95	74.71	74.34	74.13	70.23	68.65	68.35	62.93
存款	70.16	78.5	68.71	68.93	68.66	69.34	67.17	66.8	65.63
贷款	80.22	68.81	76.38	76.92	76.47	76.54	76.12	69.56	62.03
利润	64.68	65.43	59.31	43.39	34.52	69.77	67.78	65.53	58.17

资料来源：李华民（2005）。

　　总体上，中国经济转型过程中，国有商业银行在市场结构中始终是处于垄断和主导地位，但是进入新世纪以来，进入新世纪以来，在银行业系统内，四大国有商业银行的主导地位已经有所下降，并且其经营效率也在不断提高。

四、银行信贷结构的变迁

　　近年来，中国银行业信贷结构的一个显著的变化就消费信贷的兴起，主要是按揭贷款，还有消费者购买耐用消费品（汽车）贷款以及信用卡消费。中国消费信贷起步于 20 世纪 80 年代中期，但 1997 年以前，中国信贷一直是生产型信贷，消费信贷发展缓慢。到 1997 年年底，全国消费信贷规模仅 172

亿元。1997年以后，中国银行业消费信贷业务总量迅速上升，信贷种类也日益增多。到 2005 年，中国消费信贷已经超过了 2.2 万亿元，占银行信贷总量的 11.38%，如图 2-5 所示。

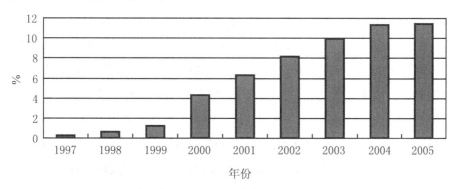

图 2-5　中国消费信贷比重的变化

资料来源：杨大楷、俞艳（2005），2005年第 4 季度《中国货币政策执行报告》。

在消费贷款种类方面，近年来各商业银行将个人消费信贷视为拓展信贷营销业务、优化信贷资产结构的主要手段，相继推出个人住房贷款、汽车贷款、个人耐用消费品贷款、个人住房装修贷款、助学贷款等业务，个人消费结构呈现"一个大头，三个辅助"的格局，即个人住房贷款占大头，在消费信贷中占到 80% 左右，汽车信贷、助学贷款、信用卡消费贷款紧随其后，分占到 9%、0.5% 和 10% 左右。

消费信贷的快速增长有助于降低商业银行资产中不良资产的比重，但消费信贷增长的时间太短，难以判断其对于贷款质量和资产质量长期作用的可靠程度。受各种因素的制约，中国消费信贷也常常表现出较高的风险。比如开始于 1998 年的汽车消费信贷业务，由于汽车市场出现降价浪潮，加上经销商和消费者故意欺诈，银行审查不严、审贷不分、未建预警监测系统等因素，就引致了大量坏账的产生。2004 年 6 月底，汽车消费贷款余额达 1833 亿人民币，但坏账却超过了 1000 亿元，汽车贷款的违约率达到了 54.55%。而在消费信贷中，个人住房抵押贷款的比重占 80%，一旦房价下跌，作为抵押物的房屋价值低于应还信贷的本利，则借款人极有可能会违约不偿还贷款。而对于银行收回的房屋又由于房地产市场的不景气而难以脱手，最终成为银行的不良资产，这是一个很大的隐患。

中国银行业信贷结构变化的另一个方面就是贷款长期化趋势加剧。2000

年以来，短期贷款余额占金融机构各项贷款余额的比例逐年下降，而中长期贷款余额占金融机构各项贷款额的比例持续增加。表 2-11 中，1999—2006 年短期贷款余额占金融机构各项贷款余额的比例从 68.16% 下降为 43.79%，下降了 24.43 个百分点，而中长期贷款余额的比例则由 25.57% 上升为 47.28%，上升了 21.71 个百分点。并从 2006 年开始，中长期贷款余额超过了短期贷款余额。与此相对应的是，金融机构存款来源的短期化趋势却是越来越明显，活期存款之比，2000 年是 39.4%，到 2006 年上升到了 56.9%。"存款短期化、贷款长期化"使得我国商业银行存贷期表现出明显的不匹配的现象，银行要面临更高的流动性风险和利率风险。而且银行过多发放中长期贷款，在宏观经济环境发生变动时，将存在巨大的信贷风险。银行资产负债表中较多的中长期贷款将使得银行有动力去进行资产证券化，以及通过中长期债券融资。

表 2-11　中国金融机构贷款期限结构的变迁

年　份	各项贷款	短 期 贷 款		中 长 期 贷 款	
		总　计	占　比	总　计	占　比
1999	93734.3	63887.6	68.16%	23968.3	25.57%
2000	99371.07	65748.07	66.16%	27931.19	28.11%
2001	112314.7	67327.2	59.95%	39238.1	34.94%
2002	131293.9	74247.9	56.55%	48642.04	37.05%
2003	158996.2	83661.15	52.62%	63401.4	39.88%
2004	177363.5	86836.83	48.96%	76707.37	43.25%
2005	194690.4	87449.16	44.92%	81369.54	41.79%
2006	225285.3	98509.53	43.73%	106512.4	47.28%

资料来源：根据人民银行网站相关数据整理。

五、利率市场化的改革进程

利率是资金的价格，商业银行作为资金供应者所具有的自主定价权直接反应在利率市场化程度上。如果把银行贷款服务供给划分两个维度，价格和服务质量，那么很显然，若银行在贷款利率即价格方面缺乏自主权，银行在贷款服务质量方面就会设法取得较高的自由裁量权了。计划体制下，中国利率受到严格的控制，直到 1996 年，中国才开始利率市场化改革。见表 2-12。

表 2-12　商业银行利率规定变化

年　份	贷款（人民币）	存款（人民币）
1996	所有企业：官方利率水平的 0.9～1.1 倍；	官方设定利率
1998	大、中型企业：官方利率水平的 0.9～1.1 倍； 小型企业：官方利率水平的 0.9～1.2 倍	不变
1999	大型企业：官方利率水平的 0.9～1.1 倍； 中、小型企业：官方利率水平的 0.9～1.3 倍	不变
2004 年 1 月	所有企业：官方利率水平的 0.9～1.7 倍	不变
2004 年 10 月	贷款上限放开，下限为官方利率的 0.9 倍	上限没有变化 利率下限放开

数据来源：国研专稿：《中国银行改革进程：银行经营模式是否已经改变》，2006 年 4 月。

1996 年 6 月 1 日人民银行放开了银行间同业拆借利率，1997 年 6 月放开银行间债券回购利率。1998 年 8 月，国家开发银行在银行间债券市场首次进行了市场化发债，1999 年 10 月，国债发行也开始采用市场招标形式，从而实现了银行间市场利率、国债和政策性金融债发行利率的市场化。

1998 年，人民银行改革了贴现利率生成机制，贴现利率和转贴现利率在再贴现利率的基础上加点生成，在不超过同期贷款利率（含浮动）的前提下由商业银行自定。再贴现利率成为中央银行一项独立的货币政策工具，服务于货币政策需要。

1998 年和 1999 年人民银行连续三次扩大金融机构贷款利率浮动幅度。2004 年 1 月 1 日，人民银行再次扩大金融机构贷款利率浮动区间。商业银行、城市信用社贷款利率浮动区间扩大到 [0.9，1.7]，农村信用社贷款利率浮动区间扩大到 [0.9，2]，贷款利率浮动区间不再根据企业所有制性质、规模大小分别制定。扩大商业银行自主定价权，提高贷款利率市场化程度，企业贷款利率最高上浮幅度扩大到 70%，下浮幅度保持 10% 不变。在扩大金融机构人民币贷款利率浮动区间的同时，推出放开人民币各项贷款的计、结息方式和 5 年期以上贷款利率的上限等其他配套措施。

1999 年 10 月，人民银行批准中资商业银行法人对中资保险公司法人试办由双方协商确定利率的大额定期存款（最低起存金额 3000 万元，期限在 5 年以上不含 5 年），进行了存款利率改革的初步尝试。2003 年 11 月，商业银行农村信用社可以开办邮政储蓄协议存款（最低起存金额 3000 万元，期限降为 3 年以上不含 3 年）。

2000 年 9 月，放开外币贷款利率和 300 万美元（含 300 万）以上的大额外币存款利率；300 万美元以下的小额外币存款利率仍由人民银行统一管理。2002 年 3 月，人民银行统一了中、外资金融机构外币利率管理政策，实现中外资金融机构在外币利率政策上的公平待遇。2003 年 7 月，放开了英镑、瑞士法郎和加拿大元的外币小额存款利率管理，由商业银行自主确定。2003 年 11 月，对美元、日元、港币、欧元小额存款利率实行上限管理，商业银行可根据国际金融市场利率变化，在不超过上限的前提下自主确定。

总体上，自 1996 年以来，中国人民银行累计放开、归并或取消的本、外币利率管理种类为 119 种，目前，人民银行尚在管理的本外币利率种类有 29 种，金融机构的利率定价自主权得到了很大提高，利率在优化金融资源配置和调控宏观经济运行方面的作用也越来越大。

第三章 中国不良贷款的形成：假说与检验

第二章对关于我国不良贷款形成原因的相关文献做了一个回顾，并围绕着第一章提出的理论框架所涉主题的相关做了一个评述，接着回顾了一下中国银行业改革的历程。总体上，目前人们对中国不良贷款的生成机制并没有形成共识。一个几乎共同的看法是，银行有大约 70%～80% 的不良资产是由银行以外的经济环境或外部因素所引起的，而对于经济环境或外部因素到底应包括哪些因素，却是存在不同看法；尽管有大量文献注意到了财政分权和地方政府在中国经济转型中扮演了重要角色，但对财政分权以及各地区地方政府行为的差异对金融部门的影响却都并未给予足够的重视。本章将在上一章节的基础上，提出一个解释中国巨额"制度性不良贷款"的理论假说，并利用相关数据对这一假说进行合理性检验。

本章第一节将对中国不良贷款的现状做一个定量的描述，第二节以第一章提出的理论框架为基础提出相应的理论假说，第三节是对这一理论假说的计量检验以及检验结果的解释。

第一节 中国银行业不良贷款的现状：一个定量描述

1997 年亚洲金融危机以来，中国国有商业银行的不良贷款问题受到国内外的高度关注。但是，一方面由于关于不良资产的概念和统计口径不同，比如关于不良贷款就有不良贷款、呆坏账、呆账、坏账、问题贷款、不良债权、不良债务等多种提法，使得不良贷款率的估算差异较大；另一方面，2000 年之前，中国国有商业银行不良贷款情况被视为机密，从未对外披露，这也使得人们对中国不良贷款的情况始终缺乏真正的了解。自 2000 年中国人民银行鼓励使用风险分类法以后，中行、工行和建行才开始陆续在年报中主动披露不良贷款情况。到 2002 年《中国金融年鉴》才开始系统披露按照风险分类法统计的国有商业银行不良贷款数据。

借助官方各种渠道零星披露的不良贷款率或余额、披露的不良贷款率比上年同期下降的比例或余额情况，以及 1999 年四大国有商业银行剥离出来的主要数据，我们基本上可以得到中国不良贷款的一些主要特征，其中一个最主要的特征就是中国不良贷款的地域分布，此外在贷款对象、以及金额比例等也具有比较明显的结构特征。

理论上，在统一的经济体内，因信用等级不同、经济周期影响和产业结构变动而造成微观个体之间和产业之间的风险差异是存在的，但各地区之间不应存在明显的风险差异。而在中国，从信贷资产质量来衡量，最差地区和最好地区的不良资产率却能相差在 10 倍以上（李杨等，2005）。中国的不良贷款在地区之间存在巨大的差异，谢平和陈荣（2001）认为这似乎是一个"悖论"："在某种制度因素约束下，银行不良贷款比例与银行本身管理无关，而与所在地区有关"，并指出"不良贷款地理趋同性目前无法解释。"

图 3-1 和表 3-1 给出了 2006 年中国各省市银业不良贷款余额、不良贷款率以及银行业盈利情况。从不良贷款总额来看，不良贷款主要集中在广东、河南、辽宁、山东、黑龙江、河北、江苏、四川这 8 个省，这 8 省银行不良贷款总额都在 500 亿元以上，8 省不良贷款总额之和占全国不良贷款总额的 51%；从不良贷款率来看，最高的黑龙江省达到了 23% 以上，吉林、河南也达到了 15%，相比较而言，最低的浙江省只有 1.4%，各省不良贷款率最高和最低相差在 15 倍以上，此外北京、上海的不良贷款率也只有 3.60% 和 2.56%；从不良贷款余额与银行业盈利的比值来看，除去西藏、黑龙江等这些亏损的省份以外，盈利的省份如河南、辽宁等省的这一比值也达到了 10.86 和 12.97，这意味着尽管这些省份处于盈利状态，但依靠自身盈利也远不能消化其自身的不良贷款存量，或者说消化这些不良贷款存量需要几十年的时间，相比较而言，浙江、北京、上海的不良贷款总额与银行业盈利之比只有 1 左右，也就是说这些地区银行业的不良贷款几乎不够成银行经营的任何负担，足够依靠自身盈利来消化不良贷款。总体上，中国不良贷款的区域

差异是非常巨大的，在很大程度这体现了各地区的金融风险差异，背后隐含的重要原因是各地区产权保护程度的差异和地方政府信用风险的差异。

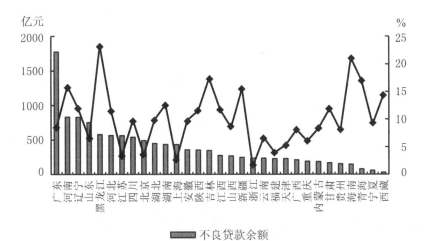

图 3-1 2006 年各省银行业不良贷款情况

资料来源：《中国银行业监督管理委员会 2006 年年报》，中国银行业监督管理委员会网站；中国人民银行货币政策分析小组《2006 年中国区域金融运行报告》，中国人民银行网站。

表 3-1 2006 年中国各省银行业不良贷款（率）及盈利情况

地 区	不良贷款总额 （亿元）	不良贷款率 （％）	银行业总盈利 （亿元）	GDP （亿元）	融资量 （亿元）	不良贷款余额 /银行业盈利
全 国	12549.14	7.09	3379.20(税前)	209407.00	36811.70	3.71
广 东	1772.86	8.43	459.50	25968.60	3484.30	3.86
河 南	829.91	15.99	76.40	12464.10	1290.60	10.86
辽 宁	827.45	11.90	63.80	9257.00	1242.00	12.97
山 东	753.75	6.52	237.30	21846.70	2794.30	3.18
黑龙江	579.66	23.38	—	6216.80	323.80	—
河 北	566.04	11.54	82.90	11613.70	1090.00	6.83
江 苏	562.49	3.43	—	21548.40	3430.90	—
四 川	538.96	9.84	104.40	8637.81	1216.70	5.16
北 京	490.75	3.60	—	7720.30	4089.10	—
湖 北	447.69	9.88	67.66	7497.20	953.70	6.62

续　表

地　区	不良贷款总额（亿元）	不良贷款率（%）	银行业总盈利（亿元）	GDP（亿元）	融资量（亿元）	不良贷款余额/银行业盈利
湖　南	434.92	12.60	—	7493.17	796.20	—
上　海	432.81	2.56	403.10	10296.97	2390.50	1.07
安　徽	356.79	9.79	76.30	6141.90	987.10	4.68
陕　西	355.22	11.50	48.60	4383.90	552.80	7.31
吉　林	346.71	17.45	2.10	4249.20	543.00	165.10
江　西	274.15	11.66	35.49	4618.80	479.70	7.72
山　西	267.92	8.50	—	4746.50	970.60	—
新　疆	248.04	15.52	25.30	3019.00	158.70	9.80
浙　江	236.48	1.41	498.79	15648.90	3923.10	0.47
云　南	235.40	6.69	66.00	4001.90	886.80	3.57
福　建	229.34	3.97	129.45	7501.60	1417.50	1.77
天　津	227.83	5.32	87.60	4337.70	862.30	2.60
广　西	211.35	8.12	52.10	4802.00	557.00	4.06
重　庆	188.22	6.00	40.74	3486.20	678.90	4.62
内蒙古	184.01	8.28	54.32	4700.00	664.80	3.39
甘　肃	165.10	11.84	0.60	2275.00	240.30	275.17
贵　州	150.93	7.92	42.40	2267.40	397.90	3.56
海　南	144.04	21.10	11.35	1052.40	210.80	12.69
青　海	76.11	16.96	—	—	—	—
宁　夏	55.60	9.05	17.10	707.00	153.30	3.25
西　藏	28.26	14.32	—	290.00	25.00	—

　　资料来源：《中国银行业监督管理委员会 2006 年年报》，中国银行业监督管理委员会网站；中国人民银行货币政策分析小组《2006 年中国区域金融运行报告》，中国人民银行网站。

　　易纲（2002）曾结合中国各地区经济增长率和当地银行不良资产的情况，将中国不良贷款的地区分布分为四种情形：一是以浙江、上海为代表的沿海发达地区，经济增长率高，银行不良资产率低，这是最好的组合；二是以东三省为代表，经济增长率低，银行不良资产率高，这是最差组合，京广沿线的河北、河南、湖北、湖南与东北三省情况类似；三是西北经济不发达地区

（如甘肃、宁夏和青海），经济增长率不尽人意，但是银行不良资产率也相对较低；四是以广东为代表的部分地区，经济活跃，增长率高，但是银行不良资产率也相当高，超过全国平均水平。

以 1999 年中国工商银行向中国华融资产管理公司剥离的不良贷款（金额总计 3180 亿元、涉及企业 70649 户）、2003 年中国银行剥离的可疑类贷款（金融总计 1498 亿元、涉及企业 38113 户）、中国建设银行剥离的可疑类贷款（金融总计 1289 亿元、涉及企业 143806 户）为样本，我们也同样可以看到中国不良贷款具有明显的地域特征，详见表 3-2[①]。从表 3-2 中可以看到，中国不良贷款地区分布具有明显的"地理趋同性"。所谓"地理趋同性"指尽管同一家国有商业银行在不同地区的分行不良贷款比例相差较大，但对于不同的国有商业银行而言，其不良贷款比例具有非常近似的地区分布特征，在比例低的地区，各家商业银行（或分行）的不良贷款比例都低；而在比例高的地区，各家银行比例都高。表 3-2 中，中行和建行不良贷款地区分布比例的相关系数高达 0.9，建行与工行中行与工行的都高达 0.88。

表 3-2　中行、建行第二次剥离、工行第一次剥离不良贷款的地区分布

地　区	中行第二次剥离		建行第二次剥离		工行第一次剥离		1996—2002 年 GDP	
	金额	占比/%	金额	占比/%	金额	占比/%	平均增长率	方差
广　东	245.87	16.41	203.8	15.81	378.68	11.91	110.31	0.31
北　京	128.83	8.60	65.78	5.10	188.45	5.93	110.17	0.53
山　东	93.09	6.21	73.86	5.73	174.11	5.47	110.93	0.62
辽　宁	87.58	5.85	85.88	6.66	178.94	5.63	108.87	0.44
湖　北	82.19	5.49	46.51	3.61	128.26	4.03	110.33	3.93
黑龙江	72.16	4.82	64.35	4.99	125.48	3.95	109.16	1.37
天　津	68.65	4.58	20.8	1.61	86.21	2.71	111.57	2.83
上　海	68.56	4.58	38.97	3.02	195.40	6.14	111.13	1.49
江　苏	68.11	4.55	66.57	5.16	162.26	5.10	111.10	0.72
山　西	60.48	4.04	40.31	3.13	81.55	2.56	108.94	4.41
福　建	58.67	3.92	34.5	2.68	96.58	3.04	111.47	6.29

————————

　　[①]　由于所取样本分别来自工行、中行和建行，并且是于不同时期剥离的不良贷款，应当说，样本基本可以反应总体情况。当然后面的讨论有一个隐含的基本前提就是，各行剥离不良贷款时基本上是按照各地区不良贷款总量的同一比例剥离。

续　表

地　区	中行第二次剥离		建行第二次剥离		工行第一次剥离		1996—2002 年 GDP	
	金额	占比/%	金额	占比/%	金额	占比/%	平均增长率	方差
陕　西	51.87	3.46	59.12	4.59	83.42	2.62	109.24	0.32
广　西	48.61	3.25	21.25	1.65	83.29	2.62	108.71	1.47
河　北	45.25	3.02	61.1	4.74	138.23	4.35	110.51	3.34
总行本级	44.59	2.98	34.82	2.70	0.00	0.00	107.79	0.71
河　南	37.45	2.50	64.42	5.00	127.56	4.01	109.86	3.72
四　川	33.77	2.25	44.19	3.43	105.05	3.30	109.26	2.13
湖　南	31.66	2.11	28.69	2.23	95.19	2.99	109.69	2.23
海　南	28.4	1.90	0.85	0.07	99.60	3.13	107.90	2.53
重　庆	27.51	1.84	23.69	1.84	33.91	1.07	109.43	1.97
江　西	19.79	1.32	19.07	1.48	57.63	1.81	109.74	4.52
吉　林	19.55	1.31	37.62	2.92	104.39	3.28	109.71	3.29
浙　江	18.97	1.27	27.19	2.11	126.57	3.98	111.10	1.10
新　疆	16.08	1.07	11.26	0.87	35.74	1.12	108.03	2.15
安　徽	15.42	1.03	21.2	1.64	91.48	2.88	109.93	6.42
内蒙古	7.44	0.50	17.88	1.39	42.86	1.35	110.10	2.52
云　南	4.58	0.31	20.68	1.60	71.97	2.26	108.10	1.89
西　藏	3.69	0.25	2.66	0.21	0.00	0.00	111.08	2.66
宁　夏	3.16	0.21	8.58	0.67	110.43	12.35
贵　州	2.6	0.17	14.55	1.13	28.55	0.90	108.76	0.08
甘　肃	2.02	0.13	21.79	1.69	58.95	1.85	109.29	1.14
青　海	1.37	0.09	7.14	0.55	—	0.00	109.74	2.92
合　计	1497.97	—	1289.08	100.00	3180.30	100.00		

数据来源：根据中国华融资产管理公司内部资料整理。

　　关于中国不良贷款地域分布的另一个有意思的特征是，各地区不良贷款率与当地财政缺口表现出很高的正相关性。李杨等（2005）通过对设立城市商业银行的 112 个城市的财政缺口与不良贷款率之间进行回归分析表明，财政缺口越高的省市，城市商业银行的不良率越高[①]。这一特征也意味着我们

[①] 李杨等（2005）的回归结果是：不良贷款率＝4.2507×财政缺口＋7.2869；（R^2＝0.2564）。2003 年年底，全国 112 家城市商业银行不良贷款余额为 1078.11 亿元，不良贷款率为 16.53%。全行业亏损为 55.97 亿元，历年累计亏损的有 50 多家，处于高风险状态的有 22 家，其中有 13 家资不抵债。

分析中国不良贷款的成因，必须深入到地区层面，勾勒出财政分权与地方政府行为的差异对当地银行业经营的影响。

除了上述地域分布特征外，中国商业银行不良贷款还有一个比较明显的分布特征就是，中国不良贷款主要集中在国有商业银行当中。表 3-3 给出了近三年我国商业银行不良贷款在各类银行机构的分布状况。可以看到，尽管进行了多次不良贷款的剥离，不良贷款仍然主要集中在国有商业银行当中。2004 年到 2006 年间，国有商业银行的不良贷款余额占不良贷款总余额的比分别 92％、82％和 84％，国有商业银行的不良贷款率也是最高，分别为 15.57％、10.49％和 9.22％。2006 年年底，全国商业银业不良贷款总额为 12549 亿元，国有商业银为 10535 亿元。

表 3-3 中国商业银行不良贷款的机构分布

	2004 年		2005 年		2006 年	
	余额（亿元）	占全部贷款比例（％）	余额（亿元）	占全部贷款比例（％）	余额（亿元）	占全部贷款比例（％）
不良贷款	17176	13.21	13133.6	8.61	12549.2	7.09
其中:次级类贷款	3075	2.36	3336.4	2.19	2674.6	1.51
可疑类贷款	8899	6.84	4990.4	3.27	5189.3	2.93
损失类贷款	5202	4	4806.8	3.15	4685.3	2.65
不良贷款分机构						
主要商业银行	—	—	12196.6	8.9	11703	7.51
国有商业银行	15751	15.57	10724.8	10.49	10534.9	9.22
股份制商业银行	1425	4.94	1471.8	4.22	1168.1	2.81
城市商业银行	—		841.7	7.73	654.7	4.78
农村商业银行	—		57.1	6.03	153.6	5.9
外资银行	—		38.2	1.05	37.9	0.78

注：（1）商业银行包括国有商业银行、股份制商业银行、城市商业银行、农村商业银行和外资银行；主要商业银行包括国有商业银行和股份制商业银行；（2）2006 年农村商业银行和城市商业银行有新增机构，农村商业银行和城市商业银行的合计数据与 2005 年数据不可比。

数据来源：中国银行业监督管理委员会网站。

　　尽管不良贷款主要集在国有商业银行当中，但值得指出的是，随着中行、建行和工行不良资产的多次剥离以及股份制改造上市，除了农业银行外，目前商业银行中不良贷款率比较高的银行并不是这些国有商业银行，而一些股份制银行和城市商业银行。如 2005 年年底，光大银行的不良贷款率为9.60%，深圳发展银行的不良贷款率为 10.55%，而工行、中行和建行则分别为 4.59%，4.62% 和 3.83%。

　　正如在后文我们所要讨论的，中国不良贷款除了总量上的地域分布特征外，在行业分布、贷款对象的分布也存在显著的地域差异。由于后文将进一步利用中国经济转型过程中不良贷款的相关数据对本书所提出的理论假说进行检验，因此，我们便不再对中国不良贷款现状做更详细的描述了。

第二节　制度性不良贷款的成因：基于转型框架的理论假说

　　本章第一节对我国不良贷款的现状做了一个定量的描述。可以看到，中国银行业不良贷款分布的一个主要特点区域差异非常大，而且不同银行不良贷款分布具有地理趋同性，同时不良贷款主要集中在全国性的国有银行当中，这种就将我国巨额制度性不良贷款的根本成因指向了地区之间的差异。1979年，中国在财政压力下实行了财政分权改革，在财政分权的制度架构下，各地区不同的财政分权形式、财政能力和地区经济结构的差异直接导致了中国不同地区经济转型路径的差异，也因之而导致了在不同地区不良贷款的成因各异。围绕这一思路，本节将首先对在第一章给出的理论框架做进一步的解释和论证，然后基于这一理论框架提出相应的理论假说，在本章第三节将利用中国的经验数据对这些理论假说进行检验。

一、理论框架的进一步解释和说明

　　本书第一章曾给出了一个从经济转型的视角来解释中国银行业不良资产生成机制的理论框架。我国在计划经济体制下，由于信息和激励的原因导致生产效率不断下降，而计划经济本身又要求实行统收统支的财政体制，这样，生产效率低下使得一方面政府财源出现萎缩，另一方面为保持同样的产出政府需要投入更多的经济资源，两方面的原因直接导致了巨大的国家财政压力。在意识形态的限制下，中央政府不可能通过直接放弃对经济建设的投入，实行经济自由化来减轻财政压力。而计划经济体制时期，试图解决信息和激励问题的改革努力，以及中国以农业为基础的经济结构，使得中国形成了多层级、多地区的政府组织架构。中央政府在巨大的财政压力下，面对意识形态的约束，在改革目标的不确定以及多层级、多地区政府管理架构的现实条件下，便选择了向地方政府转移财政压力，走上财政分权之路，但同时为维护中央政府的控制能力，保持了中央政府的政治集权。而由于各地区资源要素禀赋不同，计划经济时期重工业优先发展战略导致各地区所形成的轻重工业比重、产业结构也不相同，这使得中央政府对不同地区的地方政府采取了不完全一致的财政分权形式，而且随着改革的进行，财政分权形式也被不断调整。这样，不同的财政分权形式和不同的经济结构就对地方政府形成了不同的行为激励和约束机制，进而导致了地方政府行为的差异，出现"强化市场型""勾结型"和"掠夺型"地方政府行为的分别。而政治集权下，使得立法总是滞后于中国经济转型的需要，立法滞后使得投资者产权的保护更加依赖于行政决策机制，再加上政治集权下中央政府为加强对社会资源的汲取能力，通过银行来实现其政治目标，比如提供就业、企业补贴、调节地区差距等，这导致了中国政府对银行的所有权，以及银行主导型的间接融资结构体系。其结果是中国的财政分权使得一方面计划经济体制的约束在地方政府层面不断被突破，使得中国经济在实现转型的同时，得以保持稳定而快速的增长；另一方面不同地区、不同时期地方政府行为的差异也使得中国不同区域的经济转型路径呈现出明显的不同，不同地区市场化进程不一致，经济转型也表现出试点、增量、双轨制等特征。同时，在银行主导型的间接融资结构体系下，在"强化市场型地方政府"主导的地区，使得经济周期和经济结构调整的代价积累在银行系统，形成大量的因经济波动而导致的不良贷款；而在"勾结型地方政府"主导的地区，地方政府倾向于通过干预全国性商业银行的本地支行的经营，将其作为本地区的第二财政，使得银行对国有企业的贷款约束软化，从而形成因"金融财政化"而导致的不良贷款；在"掠夺型地方政府"主导的地区，全国性以集权制为特征的商业银行的理性选择是减少贷款，从而导致该地区出现金融压抑的特征，中央政府出于平衡地区发展的考虑，便干预银行在当地的经营，导致因政策性的因素和金融压抑的因素所带来的不良贷款。

第一章对不同地方政府行为类型的含义进行了说明，第二章文献综述部分也对中国经济转型过程中形成以国有银行为主导的融资结构的原因进行了说明，本节就这一理论框架的几个关键部分做一个进一步的解释和说明。

（一）框架再说明 1：与财政分权相关的论断

该框架包含的一个重要的理论判断是，中国的经济转型是"财政压力下的制度变迁"（张宇燕、何帆，1998），中国在财政压力下走上了财政分权之路，而中央对各地区的财政分权形式也是不同的。高鹤（2005）曾对中国经济转型的这一逻辑进行了详细的论证，在此我们给出两个基本事实，一个事实是支持中国由计划经济向市场经济的过渡是"由财政压力引起的制度变迁"这一判断的；另一个基本事实是经济转型过程中中央对各地区财政分权形式是不同的。

关于中国经济转型是"由财政压力引起的制度变迁"，表 3-4 给出了中国改革前后国家财政收支总额的情况，可以看到，1979 年中国财政赤字已经达到了 130 多亿，占当时财政总收入的 12％。关键还不在于这一数字的大小，更主要的是，在计划经济体制下，全国财政一本账，实行的是"统收统支"的制度。国家财政集中了几乎所有的经济资源，同时也承担着几乎所有的经济建设和社会公共服务的费用。在这种制度下，全社会绝大部分生产资源都直接处于国家财政的控制之下，民间资源，特别是闲置资金十分有限，一旦财政出现巨额赤字，国家不可能通过发行债券筹集到资金，除非向国外借债或者实行通货膨胀，否则无法实现预算平衡，对于一贯坚持"收支平衡"的中国财政而言，财政赤字所带来的财政压力可想而知。因此，20 世纪 70 年代末期中国财政出现巨额赤字，使得国家财政既无力承担国有企业扩大再生产的职能，也无力支付全国各个地方的财政需求，财政赤字进而表现为国家经济的危机，这也迫使中央政府不得不进行财政制度的改革。

表 3-4　中国改革前后国家财政收支总额情况表

单位：亿元（当年值）

年　　份	总收入	总支出	结　余
1976	776.58	806.20	−29.62
1978	1132.6	1122.09	+10.17
1979	1146.38	1281.79	−135.41
1980	1159.93	1228.83	−68.90
1982	1212.33	1229.98	−17.56
1984	1642.86	1701.02	−58.16

资料来源：国家统计局国民经济综合统计司编：《新中国五十年统计资料汇编》，中国统计出版社 1999 年版，第 8 页。

　　财政压力使得中央只能对财政制度进行改革，但财政制度改革仍然可以有多种选择。比如放弃计划经济，实行经济自由化，政府直接从经济领域退出以减轻财政负担是一种选择，中央把财政压力向地方政府转移，实现权力下放又是一种选择。究竟选择那种改革路径，显然要受到社会经济的客观条件的约束。在中国一个很重要的现实条件就是，中国在改革以前，就存在以区域"块块"原则为基础的多层次、多地区的层级制行政管理架构，即所谓的"M 型经济"（钱颖一、许成钢，1993）。中国改革之初就存在的多层级的M 型行政管理架构，首先是由中国以农业为基础的经济结构所决定的。中国是一个农业社会，直至改革之初，1978 年农村人口总数仍占总人口的87.5%。农业生产具有浓厚的地方性，对于幅员辽阔，气候和自然资源复杂多样、区域特征明显的中国而言，政治组织的设计就不得不充分考虑地方组织的特点，以因地制宜，这就构成了中国采用 M 型行政管理架构的经济基础。同时，计划经济体制时期，为解决信息和激励问题，中国曾分别于1951年和1971 年进行过两轮中央政府向地方政府的分权改革，这也奠定了中国M 型的政府组织结构基础。

　　中央政府在巨大的财政压力下，而意识形态上又不允许通过选择经济自由化来减轻财政压力，面对改革目标的不确定性以及 M 型政府管理架构的现实条件，只有选择向地方政府转移财政压力，走向财政分权之路。值得指出的是，由于财政分权是中央政府向地方政府转移财政压力的手段，因此，地方政府财政自主权的扩大必将伴随着承担责任的增加。伴随中央向地方财税的分权，相当部分的经济建设投资、企业经营以及劳动就业也就随之分权下放，由地方政府来承担和管理。而一旦地方政府获得了财政自主权和发展经济所需的必要手段，出于对自身利益的追求，同时又没有意识形态方面极强的约束，以及不需要过多考虑政治稳定等宏观约束的因素，就会引入能够给地方政府带来好处，提高资源配置效率的改革举措，包括引入市场机制。而由于这些改革举措也将有利缓解中央所面临的财政压力，最终也将得到中央政府的正式认可。地方政府间的竞争、合作以及对提高资源配置效率措施的相互模仿，中央政府对有益于经济增长，改善财政收入改革措施的肯定和推广，最终导致了市场机制在资源配置活动中作用的不断扩大，计划体制被逐步瓦解。

关于经济转型过程中中央对各地区财政分权形式是不同的，表 3-5 给出了自 1979 年以来中国财政体制变迁的基本历程，可以看到，中国经济转型期间财政体制变迁明显地区分为两个阶段：第一个阶段，1980—1993 年，实行财政承包制；第二个阶段，1994 年至今，一直实行分税制。

表 3-5　1980 年以来财政体制的变化

1980—1984 年间的财政体制
固定比例分成（江苏）
分类分成（15 省）
少数民族地区体制（8 省）
直辖市体制（北京、天津、上海）
定额包干（广东、福建）
1985—1987 年间的财政体制
固定比例分成（17 省市）
定额上解（黑龙江）
定额补助（4 省）
少数民族地区体制（8 省）
定额包干（广东、福建）
1988—1993 年间的财政体制
收入递增包干（10 省、市）
固定比例分成（3 省市）
总额分成加增长分成（3 省）
上解比例递增包干（2 省）
定额上解（3 省）
定额补助（16 省市）
1994 以年以来的财政体制
分税制

资源来源：王绍光：《分权的底限》，中国计划出版社 1997 年版，第 105 页。

总体上，1980—1993 年间的财政承包制具有如下两个主要特点：首先，正式法规文件都只是给出了一个财政体制的框架，中央和地方财政收支责任的划分最终取决于各省与中央政府的一对一的谈判，并且省级政府在谈判中往往处于极有利的地位。表 3-5 中，在 1980—1993 年间，中国始终有五种以上不同的中央和地方收入分成办法。各省就财政收支的划分、收入和支出基数的确定以及遵循的收入分成办法、地方留成比例等财政问题，单独与中央政府进行讨价还价，确立与中央的财政关系。因此，即使是那些采用相同分成办法的省份，其分成比例也各不相同。实行财政承包制，只要完成了与中央商定的指标，各省就有权任意支配当地的财政资源，"块块"原则在财政承包制中得到了充分体现。而在地方与中央讨价还价的能力方面，由于几乎所有的税种的征收工作都由各个地方政府掌握[①]，中央只负责征收几个很小的税种，征税权几乎全部委托给了地方政府，这使得地方政府在谈判中处于极有利的地位。地方政府负责几乎全部的当地财政收入的征收工作，给定财政分成办法，地方政府在把税收收入从预算内转到预算外，"藏富于民"或"竭泽而渔"方面，就有了极大的自由裁量权。

其次，在另一方面，财政承包制体制中，中央政府保留有改变游戏规则的权利，也拥有广泛的自由裁量权。虽然地方政府可以有效地支配几乎所有的税收征收工作，但是，中国税权是高度集中的，中央政府负责确定所有税种的税基和税率，中央政府可以通过税率和税种的设置，对地方政府行为进行制衡。中央政府可以根据自己的需要，在必要的时间修改游戏规则。比如1980 年制订"分灶吃饭"的体制时，曾明文规定保持 5 年不变，而事实上，在 1983 年就进行了调整。其后 1985 年和 1988 年财政体制的调整，都反映了中央在制订游戏规则时拥有极大的自由裁量权。中央政府还能向地方政府转移开支责任，将价格补贴、工资上调以及固定资产投资等诸如此类的开支责任转移给地方政府，以减少自己的财政压力。

总之，1980—1993 年的财政承包体制，中央和地方各自在不同领域拥有自由裁量权，地方政府掌控有收税大权，中央政府具有改变规则的权利，这

---

① "五五"时期，84.4％的财政收入由地方政府负责组织征收，"六五"时期为 69.7％。其中1981 年地方政府负责征收的财政收入高达 79.4％。参见中华人民共和国财政部综合计划司编：《中国财政统计 1950—1985》，中国财政经济出版社 1987 年版。

一方面使得财政管理体制表现出缺乏规则，不规范的特点，导致"两个比重"，即中央收入占政府总收入的比重和政府总收入占全国 GDP 的比重，不断下降的局面；但另一方面，也使得中央和地方可形成有效的制衡。财政领域制衡格局的形成，一方面可以抑制中央政府的逆市场化行为，另一方面也可以抑制地方政府采取有损于整体经济改革的过激行为。中央和地方财政制衡格局是中国经济能够实现渐进式平稳转型的重要原因之一。

从 1994 年起，中国实行分税制的财政体制。这一体制确立了以规则为基础的税收分成方法，改变了承包体制下讨价还价的局面。同时，实现了国税和地方系统的分离，使得地方政府不再独揽收税大权了。而且，分税制不再允许地方政府擅自批准税收减免。应当说，在分税制的财政管理体制下，中央和地方的自由裁量权都大大缩小了。但是，值得注意的是，分税制下，中央仍然对所有税目的税基和税率有最后决定权，包括地方税。此外，新税制下，地方政府仍然可以合法地拥有巨额的预算外资金。而关于各级财政的开支责任划分也缺乏明确的法规框架。所以，中央和地方的自由裁量权只是缩小了，两者仍然有相当大的选择空间。此外，即使各地实行了统一的税制，但于各地经济结构的不同，使得各地的财政自给率、人均可支配财力、以及财政支出责任和非正式财政收入存在巨大差异。

平新乔（2006）的一项调查就发现，从全国范围来看，东、中、西部地方政府各自存在三种不同的财政行为："东部重土地，中部重收费，西部则是靠转移。"他们在东部省份调查中发现，地方政府先是用廉价的土地出让招商引资，然后由商业、产业、城市的扩张带动土地价值猛涨，最终使土地财政成为现实；而对中部农业大省而言，其预算内收支平衡有困难，又缺乏招商引资做土地财政的机遇，便十分重视预算外收入，而预算外收入的最主要手段仍是行政性收费，行政性收费中教育收费占 30%～40%，另一块主要费源是罚没收入；所谓"西部靠转移"是泛指西部与其他一切贫困地区的财政行为，即可以凭"贫困县"的身份依赖上级政府的财政转移支付，他们在调查中发现，贫困落后地区的地方官员存在保住"贫困县"帽子的动机。

（二）框架再说明 2：各地区金融发展的差异

按照前述理论框架，强化市场型、勾结型和掠夺型地方政府所在地区，当地金融系统所受到干预的程度和方式是不同的，因此，这一理论框架隐含的一个重要的经验事实是，在经济转型过程中，即使是在一个统一的一国之内，中国各地区的金融发展是存在显著差异的。而中国的实际情况也确实如此。

尽管如本书第二章第三节所表明的，我国经济转型过程中出现了急剧的金融深化过程，金融相关比率从 1978 年的 0.32 上升至了 2005 年的 2.08，并且在 1995 至 2000 年间呈现加速增长趋势，但是，在中国并非是所有地区的金融深化程度都是一致的。表 3-6 给出了部分年份各地区金融相关比率情况，从中可以看到：①经济转型过程中各地区的金融深化都是呈上升趋势。各省金融相关比率的算术平均值由 1978 年的 94％ 上升到了 2005 年 181％；②在金融深化过程中，各地区存在显著的不平衡。尽管 1978 年各省金融深化水平大致相同，其标准差只有 0.28，但到了 2005 年各省金融深化水平出现了明显的分化，各省金融深化水平的标准差达到了 0.86，最高的北京和最低内蒙古相差达 4 倍以上；③东部地区的金融深化水平明显要高于中、西部地区，而且中部地区的金融深化水平在 1990 年以后明显放缓。整个经济转型期间，东部地区金融深化水平始终高于中、西部 20 个百分点以上，而 1990—2005 年间，东、西部地区都上升了 40 个百分点，而中部地区只上升了 4 个百分点。

表 3-6　部分年份各地区金融相关比率　　　　单位：%

地　区	地　带	1978 年	1990 年	2005 年
北　京	东	155	284	548
福　建	东	86	142	158
广　东	东	93	164	190
河　北	东	92	132	122
江　苏	东	69	104	142
辽　宁	东	82	154	185
山　东	东	99	139	110
上　海	东	145	195	328
天　津	东	137	201	204
浙　江	东	66	108	178

续　表

东部加权平均		101	151	193
甘　肃	西	93	151	177
广　西	西	86	122	254
贵　州	西	85	126	162
内蒙古	西	98	139	102
宁　夏	西	97	182	192
陕　西	西	107	177	186
四川（含重庆）	西	81	115	162
西　藏	西	130	141	186
新　疆	西	129	166	161
云　南	西	86	114	187
西部加权平均		92	134	173
安　徽	中	78	99	134
河　南	中	89	115	116
黑龙江	中	95	155	135
湖　北	中	92	138	145
湖　南	中	14	105	119
吉　林	中	105	179	153
江　西	中	65	130	125
山　西	中	82	156	202
中部加权平均		88	131	136
各省算术平均值		94	148	181
各省标准差		28	39	86

　　注释：1978 年、1990 年金融相关比率＝国有银行存贷款/GDP，来源于周立（2004），他认为 1978 年湖南数据明显有误；2005 年金融相关比率＝2005 年银行资金总额/GDP，根据《2005 年区域金融运行报告》整理。

　　除了金融相关比率，从各地区的存贷差也可以看到中国金融发展存在显著的地区差异。周立（2004）通过整理 1978—2000 年中国各省存贷款数

据发现，1992 年以前，各地区存贷比（贷款余额/存款余额）都大于
100%，严重超贷，中部地区超贷最严重，曾两度达 175% 以上。1992 年
起，东部存贷比就开始低于 100%，并逐年下降，而中西地区仍然一直处
于超贷状态。东部地区的巨额存差和中西部地区的巨额贷差，也反映了国
有银行已经成为东部向中西部分配资金的渠道，银行不仅仅发挥了金融功
能，而且还发挥了财政功能。表 3-7 给出了截止到 2005 年年末，中国银行
业金融机构的地区分布情况，可以看出到全国银行业金融机构，无论是机
构个数、从业人数还是资产总额大部分都还是集中在东部地区，地区之间
的金融发展差异明显。

表 3-7　2005 年年末银行业金融机构地区分布　　　　单位：%

	机构个数占比	从业人数占比	资产总额占比
东　部	38	43	61
中　部	24	23	14
西　部	28	23	17
东　北	10	12	8

注：各地区金融机构汇总数据不包括金融机构总部的相关数据。
资料来源：中国人民银行货币政策分析小组《2005 年区域金融运行分析报告》。

　　上述金融相关比率的地区发展差异，各地区存贷差的变化差异以及银
行业金融机构的地区分布情况都表明，我国各地区金融发展是存在显著差
异的。尽管总体上整个经济转型期间全国金融深化程度在稳步上升，但在
有些地区的某些特定时期仍然确实存在着金融抑制的现象。而经济转型期
间，金融业通过提供铸币税、利用银行贷款替代财政投资、利用金融资源
来平衡地区经济差距、以及通过金融补贴替代财政补贴等在一些地方发挥
着"第二财政"的功能（周立，2004）。根据本书理论框架，实行财政分权
以后，中央财政收入相对下降，导致中央财政能力的不足，中央政府便通
过加强对金融业的控制，使金融业代行了部分财政功能。就地方政府而言，
在财政分权、政治集权的架构下，地方政府为实现其经济和社会的发展目
标，在投、融资体制改革中，使逐渐加强其对当地金融机构的控制，这也
强化了金融业的财政作用。

　　至此，我们已经就第一章提出的理论框架的几个关键部分做出了解释和

说明。在财政压力下，面对 M 型政府架构等现实条件，中国选择了通过财政分权来启动经济改革。财政分权形式的不同以及经济结构的差异，使得不同地区地方政府行为呈现出多样化的特点。对于金融部门而言，由于立法以及法律执行的滞后、国有银业在动员储蓄和贷款项目选择方面又具有比较优势、再加上政治集权下中央政府有动力通过银行来实现其政治目标，导致了经济转型期间，以国有银行为主导的融资结构。地方政府行为的差异化和国有银行主导型的融资结构，便使得各地区金融发展呈现出显著的差异，也使得不同地区制度性不良贷款的成因各异。

二、基于分析框架的理论假说

尽管本书第一章给出的分析框架是在观察中国经济转型的诸多事实基础上提炼而成，但这一框架对中国银行业巨额制度性不良贷款成因的解释力仍然是有待于检验的。为此，我将首先沿着这一分析框架的逻辑，推导出关于中国不良贷款的几个假说，然后第三节利用中国不良贷款的相关数据对这些假说进行检验，以确定这一分析框架的合理性和解释力。

基于上述理论框架，我们可以得到如下假说：

假说 1：不同国有商业银行在同一地区的不良贷款将具有类似的行业、企业所有制结构特征，而同一银行在不同地区的不良贷款的行业分布、企业所有制结构将表现出较大的差异。

根据前述理论框架，由于我国的银行主导型的间接融资结构体系，在"强化市场型地方政府"主导的地区，会使得经济周期和经济结构调整的代价积累在银行系统，形成大量的因经济波动而导致的不良贷款。尽管不同银行因应对经济周期能力的不同，会使得这类因经济周期而产生的不良贷款的总量分布上可能会因银行而异，但不同银行之间的不良贷款，在"强化市场型地方政府"主导地区的行业和企业分布将仍然会具有相近似的特征；类似地，在"勾结型地方政府"主导的地区，地方政府有动力去保护作为他们税基的当地企业和那些作为他们政治权利基础、私人收益的行业和企业，银行部门作为聚集和分配社会资金的主要渠道，会被地方政府用作保护这些企业主要工具，从而形成因"金融财政化"而导致的不良贷款。尽管地方政府对各银行的干预力度可能会存在程度上的差异，但是那些构成地方政府税基、政治权利基础、私人收益的行业和企业却是相同的，因此不同银行之间在该地区的不良贷款的行业和企业分布将仍然会具有相近似的特征；而在"掠夺型地方政府"主导的地区，由于银行业的不良贷款主要来源于金融抑制和中央政府出于平衡地区发展考虑而进行的政策干预，因此，在这类地区不同银行的不良贷款也将不可避免具有类似的行业和企业特征。仿照文献综述部分所提及的相关文献的逻辑，我们可以把这种不因银行而异，只因地区而异的推测称之为"不同银行的地理趋同性假说"，即不同银行的不良贷款在同一地区将具有类似的行业和企业性质分布特征。

而对于同一银行而言，由于不同地区地方政府行为的差异，使得各地区分支机构的不良贷款形成原因各异。比如在"强化市场型地方政府"主导的地区不良贷款主要源于经济波动；在"勾结型地方政府"主导的地区不良贷款主要源于地方财政干预；在"掠夺型地方政府"主导的地区不良贷款主要源于中央政策干预因此。因此，有理由预期，即使对于同一银行，在不同地区的不良贷款的行业分布、企业所有制结构也将表现出较大的差异性，不妨称之为"同一银行的地理趋异性假说。"

遵循假说1的逻辑，根据上述分析框架还可以得到假说2。

假说2：银行业在各地区的不良贷款率与各地的经济增长波动之间将存在不同的相关性。

当地方政府行为是"强化市场型"导向时，银行业不良贷款率与该地区的经济增长波动将表现出明显的正相关性；而当地方政府通过干预银行业资金流向以满足本地区财政和经济发展需要，甚至通过利用银行贷款以保证本地区经济稳定增长时，由于银行业的不良贷款率并非主要源于经济周期和经济结构调整，因此与该地区的经济增长波动的相关性将不显著，或者为负。我们不妨将假说2称为"经济波动相关性差异假说"。

假说3：给定其他因素不变，财政自给率（地方财政收入/地方财政支出）越高的地区，该地区银行业不良贷款率将越低。

根据上述理论框架，财政能力是决定地方政府行为的一个主要因素，而地方政府行为又是影响不良贷款的主要决定性因素之一。当一个地区地方政府财政能力越强时，由于有足够的资金保障地方政府正常行使其政府职能，这一方面会弱化地方政府银行干预信贷资金流向的动力；另一方面也会使得地方政府致力于通过提供良好的产权保护等公共产品这来发展本地经济、培育地方税基，从而形成良好的信贷环境。这两方面的因素都将有助于降低该地区银行业的不良贷款率。而地方政府的财政自给率（地方财政收入/地方财政支出）可以有效反映一个地方政府的财政能力（朱恒鹏，2004），因此，在给定其他因素不变的情况下，比如控制经济波动水平，我们可以推断财政自给率（地方财政收入/地方财政支出）越高的地区，该地区银行业不良贷款率也将越低，不妨称之为"财政自给率负相关假说"。

显然，上述三个理论假说是在严格遵循本书第一章提出的分析框架基础上推导出来的，如果这些假说能够得到中国不良贷款相关数据检验的支持，那么可以认为本书提出的分析框架在解释中国巨额制度性不良贷款方面是具有解释力的，据此，我们就遵循本书的分析框架进一步来讨论中国不良贷款的未来趋向。

第三节　数据说明与假说检验

本章第二节对本书分析制度性不良贷款形成的理论框架做了进一步的说明，并基于这一分析框架的逻辑，推导出了三个理论假说，即"不同银行的地理趋同性假说和同一银行的地理趋异性假说""经济波动相关性差异假说"和"财政自给率负相关假说"。本节将利用中国不良贷款的相关数据，对这些理论假说进行检验。

一、对假说 1 的检验

正如本书第二章文献综述部分所提到的，谢平和陈荣（2001）、易钢（2002）、李杨等（2005）等人的研究都已经观察到中国银行业的不良贷款具有明显的"地理趋同性"，即不同的国有商业银行的不良贷款具有类似的地域分布特征，也就是说，假说 1 的第一部分基本上已被已有的研究所证实。因此，我们将集中于对假说 1 第二部分"同一银行的地理趋异性假说"的检验，也就是说"同一银行在不同地区的不良贷款的行业分布、企业所有制结构分布将表现出较大的差异"。

基于数据可得性的考虑，我们利用 1999—2000 年中国工商银行剥离至中国华融资产管理公司的不良资产的相关数据来进行检验①。此次剥离资产的总账面价值为 4076.96 亿元，分为实物类资产、股权类资产和债权类资产三种形态，其中债权类资产账面额为 3180.3 亿元，占总面值的 78%。由于我们关心的是不良贷款的行业和企业分布的地域差异，因此下面的讨论将主要以债权类资产的状况对假说 1 的第二部分加以检验。

在对债权类资产按省份划分的基础上，按照我国工商行政管理部门对企业（单位）登记注册的类型，这些债权类资产被划分为国有企业、集体企业等 26 种企业性质类别；按照《国民经济行业分类》（GB/T4754—2002）标准，这些债权类资产被划分为饮食业、纺织业等 40 个行业类别，债权类资产种跨行业经营的企业被划分为其他行业。

为了便于列示，我们在前述划分的基础上，对相应的企业性质类别进行了加总，计算其占所在地区剥离的不良贷款总额的百分比；然后按照营业税税目税率表所列服务业、建筑业、交通运输业所包含的行业类别也对行业进行了加总，计算其占所在地区的剥离不良贷款总额的百分比，见表 3-8。从中可以看到 1999 年中国工商银行剥离出来的债权类资产的企业性质和行业分布是存在比较大的地域差异的。比如贵州省剥离出来的债权类资产中国有企业占比高达 87%，而广东省只有 39%；再比如福建省的剥离出来的不良贷款中有 44% 是集中在批发和零售业中，而山西省只有 11%。从离散系数来看，服务业、建筑业、农林牧渔业等这些与地方财政收入密切相关的行业（周飞舟，2006），其地域差异性明显要大于其他行业，这也意味着不同地区的不良贷款的形成有着不同的诱因，有些地方政府可能通过这些行业来干预银行经营获

---

① 1999 年中国先后成立了华融、信达、东方、长城成立四家金融资产管理公司，按账面价值对口收购四家国有商业银行的部分不良资产。其中华融收购中国工商银行不良资产 4076.96 亿元，信达收购中国建设银行不良资产 3946.33 亿元，东方收购中国银行不良资产 2714.64 亿元，长城收购中国农业银行 3458 亿元。此次剥离通常被称为政策性剥离。此后，2003 年年底又核销了中国建设银行 569 亿元、中国银行 1400 亿元损失类贷款，2004 年中国银行、中国建设银行又分别剥离了 1498 亿元和 1289 亿元的可疑类不良贷款，2005 年中国工商银行剥离了包括损失类和可疑类在内的不良资产近 7050 亿元。就总资产、贷款余额和存款余额而言，中国工商银行是我国最大的商业银行。截至根据中国人民银行公布的数据，截至 2005 年 12 月 31 日，本行的总资产、贷款余额和存款余额分别占我国所有银行机构总资产、贷款余额和存款余额的 16.8%、15.4% 和 19.4%，并且分别占四大商业银行总资产、贷款余额和存款余额的 31.4%、30.4% 和 32.6%。因此，中国工商银行剥离出来的不良贷款情况应该具有比较强的代表性。

取财政收入，同时也导致了不良贷款，而有些地方政府则不然。同时，表 3-8 的数据也表明，把中国银行业的不良贷款和国有企业经营困难看成是一个硬币的两个方面是不完全准确的，这些剥离出来的不良贷款中国有企业只占 60% 左右，大约还有 40% 左右的不良贷款是由其他类型所有制企业所导致的，而且其他类型企业的离散系数也要高于国有企业。总体上，表 3-8 的数据表明，即使是同一家银行，在不同地区的不良贷款的行业分布、企业所有制结构分布也表现出了较大的差异。

表 3-8　1999 年中国工商银行政策性剥离的债权类资产行业和企业分布的地域差异

单位：%

省区	企业性质				主要行业					
	国有企业	各种联营及集体企业	股份制企业及有限责任公司	私营企业及个人	服务业	建筑业	交通运输业	批发与零售业	制造业	农林牧渔业
吉　林	66.57	24.71	7.79	0.24	1.09	1.95	2.30	30.71	44.02	0.62
黑龙江	72.78	18.80	6.81	0.93	0.92	3.70	0.14	11.60	23.23	0.36
辽　宁	63.48	19.59	4.46	3.83	4.11	3.11	0.94	18.73	39.46	0.38
北　京	54.99	10.94	23.90	1.32	2.66	8.54	0.53	34.14	17.18	0.70
内蒙古	72.95	12.51	8.78	1.99	1.31	1.02	1.09	32.85	40.86	2.65
河　北	72.76	14.20	3.34	1.12	3.00	0.41	0.11	19.33	32.65	0.02
山　西	81.11	11.16	2.99	1.05	1.22	0.42	2.33	11.13	58.34	1.58
天　津	76.27	10.85	9.57	1.37	0.47	4.86	0.96	27.36	43.16	0.30
福　建	61.82	12.65	14.44	7.65	1.27	3.79	2.60	44.04	19.89	2.68
浙　江	42.99	24.48	22.66	1.95	0.93	4.37	1.01	30.06	32.27	0.37
安　徽	70.63	17.44	8.70	0.22	0.56	0.37	1.94	25.16	46.14	0.20
山　东	69.99	21.88	4.54	0.31	1.60	0.84	0.73	30.52	35.86	0.61
江　西	71.73	18.36	3.38	2.11	0.39	2.97	1.38	24.53	32.93	0.09
江　苏	51.53	33.94	9.86	0.29	0.71	2.69	1.41	29.53	40.70	0.24
上　海	61.49	15.03	18.12	0.30	6.77	5.86	1.17	24.32	38.11	0.57
甘　肃	77.25	16.19	4.83	0.40	2.68	4.15	1.82	21.59	41.97	0.04
新　疆	64.37	27.79	2.43	3.74	3.02	6.39	2.99	32.61	27.61	1.16
陕　西	70.83	20.19	5.84	0.94	3.00	4.46	1.81	33.17	38.57	0.49

续　表

省 区	企 业 性 质				主 要 行 业					
	国有企业	各种联营及集体企业	股份制企业及有限责任公司	私营企业及个人	服务业	建筑业	交通运输业	批发与零售业	制造业	农林牧渔业
四　川	68.54	13.74	12.86	0.77	1.59	8.73	1.02	23.75	44.53	0.61
贵　州	86.77	8.21	3.09	1.18	0.37	2.28	1.09	29.15	42.93	0.17
云　南	59.83	21.45	15.38	1.31	3.44	3.10	1.28	40.36	34.82	0.50
重　庆	76.62	13.76	8.44	1.04	1.01	2.92	1.86	36.00	24.13	0.29
湖　南	78.83	13.93	5.88	0.48	0.64	7.70	1.05	27.68	40.43	0.36
广　东	39.05	25.65	17.04	2.41	5.06	14.67	0.50	25.72	16.95	0.24
海　南	67.07	8.31	16.00	1.06	2.24	23.54	1.52	27.87	16.62	0.87
广　西	64.39	15.63	11.76	1.54	1.05	9.60	0.52	36.15	32.02	0.51
湖　北	67.69	17.66	12.62	0.83	1.64	5.50	1.74	26.10	43.38	0.17
河　南	56.60	26.09	13.41	0.79	2.17	3.55	0.95	26.76	45.47	0.32
总　计	62.36	18.92	11.53	1.47	2.47	5.97	1.12	27.04	33.59	0.53
标准差	10.62	6.20	5.88	1.50	1.50	4.77	0.70	7.29	10.14	0.66
均　值	66.75	17.68	9.96	1.47	1.96	5.05	1.31	27.89	35.51	0.61
离散系数	0.159	0.350	0.590	1.017	0.765	0.943	0.534	0.262	0.286	1.075
最大值	86.77	33.94	23.90	7.65	6.77	23.54	2.99	44.04	58.34	2.68
最小值	39.05	8.21	2.43	0.22	0.37	0.37	0.11	11.13	16.62	0.02
极　差	47.72	25.73	21.47	7.44	6.40	23.17	2.88	32.91	41.72	2.66

资料来源：中国华融资产管理公司资产信息管理系统，经整理。

考虑到无法推测中国不良贷款在各地区的企业和行业分布形式，以及样本信息的有限性，我们采用非参数 Friedman 双向方差分析来检验不良贷款的行业和企业分布在地域之间是否存在显著差异。Friedman 双向方差分析的优势在于无须假定总体分布的具体形式，仅仅依赖于数据观测值的秩，可以在两个因子（如行业和省别）的各种水平的组合都有一个观测值的情况下，来检验多个相关样本间是否具有相同的分布问题。表 3-9 给出了检验的结果。根据 Friedman 双向方差分析结果，从企业性质来看，$\chi^2 = 94.866$，$P = $

0.000，可以认为中国不良贷款的企业分布在各省之间存在显著的差异；从行业来看，$\chi^2 = 45.056$，P=0.016，也可以认为中国不良贷款的行业分布在各省之间存在显著的差异。因此，基于理论框架的假说1比较好的预期了中国不良贷款的实际分布。

表 3-9　Friedman 检验结果

	N	Chi-Squar	df	Asymp. Sig.
企业分布的地域差异检验结果	26	94.866	28	.000
行业分布的地域差异检验结果	41	45.056	27	.016

二、对假说 2 和假说 3 的检验

随着中国银行业资产质量透明度的逐步加大，我们可以获得不同地区银行业的不良贷款的相关数据，这使得对假说2和假说3加以检验成为可能。根据各种公开渠道，笔者整理了2005年年底的各省的银行业不良贷款情况（不包括青海省和海南省）。2005年，我国各省的不良贷款率差异仍然非常大，浙江省最低，只有2.4%，而吉林省的不良贷款率高达29.2%，相差26个百分点。从不良贷款绝对额来看出，最高的省份，2005年年底广东省仍然有高达1886亿元的不良贷款。基于这一套数据，根据假说2和假说3，我们可以构造如下计量模型：

$$RNPL_i = C + \beta_1 Rfd_i + \beta_2 Vgdp_i + \beta_3 Rde_i + \beta_4 Fir_i + \mu_i$$

其中：i=1，2……30。

RNPL：为2005年年底各省的不良贷款率。

Rfd：为1997—2004年[①]各省财政自给率的平均值，其中财政自给率=地方财政收入/地方财政支出，根据相应年份的《中国统计年鉴》数据计算所得。根据假说3，财政自给率的系数 β_2 的符号预期为负号。

---

① 之所以选择1997年至2004年这一时间段，是基于如下考虑：（1）四大国有商业银行1996年以前形成的不良资产已于1999年剥离至四家金融资产管理公司；（2）各省的不良贷款有相当部分是源于城市商业银行和信用合作社，而城市商业银行一般都是于1990年代中期才开始设立的；（3）由于因变量各省不良贷款率是2005年年底的数据，考虑到不良贷款的形成存在一定的时滞，因此，自变量数据截止到2004年年底。（4）选择1997年至2004年这样一个时间段，也使得我们能够将经济周期的因素、银行对企业的软预算约束的因素考虑在模型当中。

　　Vgdp：为 1997—2004 年各省经济增长率的标准差，根据 2005 年、2000 年《中国统计年鉴》数据计算所得，代表该期间各省经济增长的波动。根据假说 2，在对中国 30 个省市进行适当分组以后，经济增长波动的系数 β₃ 会出现显著的差异，有些地区可以预期 β_3 将显著为正，而另一些地区则可能不显著，或者显著为负。

　　Rde：为 1997—2004 年各省区全部国有及规模以上非国有工业企业资产负债率的平均值，数据源于相应年份的《中国统计年鉴》，是控制变量。正如前文分析框架所表明的，财政分权形式和地区经济结构导致了地方政府行为的差异，进而使得各地区不良贷款的成因各异。国有及规模以上非国有工业企业资产负债水平在很大程度上反映了地方政府行为的倾向。

　　Fir：为 2005 年各省的金融相关比率，是控制变量；各省金融相关比率＝各省银行业资产总额/各省 GDP，根据《2005 年中国区域金融运行报告》中相关数据计算而来。在第一章的分析框架中，和不良贷款一样，反映金融深化程度的金融相关比率也是在国有银行主导型的融资结构体系下地方政府行为的结果，同时金融深化程度反过来也会影响地方政府行为和不良贷款的形成。

　　此外，我们还将考察反映经济结构的 1997—2004 年各省工业企业中国有企业比重 Rsoe、反映地区信用文化的 2000 年各省的信任度指数 Trust（张维迎和柯荣柱，2002）以及构建的各省执法指数 Law[①] 对各省不良贷款率的影响。

　　表 3-10 列示了各变量的 Pearson 和 Spearman 的相关系数。可以看到：①不良贷款率 Rnpl 与财政自给率 Rfd 显著负相关，与经济波动率相关关系则不显著，与国有企业比重 Rsoe 显著正相关；②除与经济波动率相关关系不显著外，财政自给率 Rfd 与所有的其他变量都存在显著的相关关系，与资产负债率 Rde、国有企业比重 Rsoe 显著负相关，与信任指数 Trust、执法指数 Law 显著正相关。这在一定程度上也意味着前述理论框架的合理性。各省私

有经济发展程度、地方信任文化以及执法力度，和不良贷款一样，在很大程度同样也深受地方政府行为的影响，而地方政府行又受中央与地方的财政分权以及本地经济资源禀赋的影响，这就会使得财政自给率与这些变量存在较强的相关关系了。为对理论假说做进一步的检验，我们通过多元回归分析来得到更为稳健的经验证据。

表 3-10　各变量 Pearson 相关分析（左下）和 Spearman 相关分析（右上）

	Rnpl	Rfd	Vgdp	Rde	Fir	Rsoe	Trust	Law
Rnpl		−0.55*	−0.12	0.45**	−0.35	0.50*	−0.45**	−0.20
Rfd	−0.52*		0.21	−0.55*	0.16	−0.82*	0.71*	0.46**
Vgdp	−0.08	−0.05		−0.20	−0.20	−0.44**	0.14	−0.07
Rde	0.47**	−0.62*	−0.03		−0.30	0.34	−0.77*	−0.44**
Fir	−0.35	0.39**	−0.23	−0.38**		0.10	0.32	0.10
Rsoe	0.53*	−0.79*	−0.14	0.37	0.09		−0.45**	−0.29
Trust	−0.42**	0.71*	−0.18	−0.68*	0.65*	−0.28		0.45**
Law	−0.13	0.40**	−0.19	−0.37	0.18	−0.27	0.20	

注：*、**分析表示相关系数在1%和5%水平上显著（双尾）。

由于只有截面数据可供使用，而且主要解释变量采用的是平均数，因此我们采用加权最小二乘法（WLS）进行回归。即首先对原模型进行 OLS 估计，得到随机误差项的近似估计量 e_i，并以此构成随机干扰项的标准差的估计量，再以 $1/|e_i|$ 为权重进行 WLS 估计。考虑到西藏的特殊性，在回归分析中我们排除了西藏的数据，并且不包括无法获得数据的青海省和海南省。表 3-11 报告了回归结果。

表 3-11　回归模型估计结果（被解释变量 2005 年各省不良贷款率 RNPL）

模型 \ 变量	模型 I	模型 II	模型 III（不良贷款率较低的 14 个省市）	模型 IV（不良贷率较高的 14 个省市）
常数 （c）	−0.2816** （−2.34）	0.1021** （2.06）	0.0662** （2.5667）	0.534*** （1.85）
财政自给率 （Rfd）	0.1593*** （2.08）	−0.1756* （36.53）	−0.0945* （−7.21）	−0.2663* （−5.99）
经济波动率 （Vgdp）	−0.0079*** （−1.77）	−0.0156* （−16.44）	0.01* （12.72）	−0.0452* （−9.02）

续　表

模型 变量	模型Ⅰ	模型Ⅱ	模型Ⅲ（不良贷款率 较低的14个省市）	模型Ⅳ（不良贷率 较高的14个省市）
资产负债率 （Rde）	0.3184** （−2.45）	0.2566* （3.84）	0.0682*** （2.23）	−0.1464 （−0.30）
金融相关比率 （Fir）	−0.0246* （−7.98）	−0.0123* （−3.32）	−0.0008** （−2.92）	−0.0579** （−2.42）
国有企业比重 （Rsoe）	0.3112* （7.32）	—	—	—
信任指数 （Trust）	−0.0016** （−2.20）	—	—	—
执法指数 （Law）	0.0686** （2.62）	—	—	—
样本数	27	28	14	14
F值	437.25	3309.37	186.08	139.59
调整 R^2	0.99	0.99	0.99	1.00

注：*、**、***分析表示相关系数在1%、5%和10%水平上显著。

根据表3-11，在模型Ⅰ中财政自给率Rfd的回归系数是正的，这与前述理论预期并不一致。但是，从前面各变量的相关性分析可以看到，财政自给率与国有企业比重、信任指数等所有的其他变量都存在显著的相关关系，因此，这很可能是由于自变量之间存在多重共线性所引起的。去掉与财政自给率相关性显著的其他变量，在模型Ⅱ、模型Ⅲ和模型Ⅳ中，财政自给率回归系数都显著为负，与假说3的理论预期相一致。多元回归的结果证实了假说3的理论预期，即财政自给率越高的地区其不良贷款率越低。

模型Ⅰ和模型Ⅱ中，经济波动率Vgdp的回归系数皆为负。这一回归结果意味着，总体上中国各省市可能存在以资金配置效率损失为代价，来确保本地区经济的稳定增长。

按照不良贷款率的高低将中国28个省市分为两组进行回归，如模型Ⅲ、Ⅳ所示，经济波动率的回归系数表现出了明显的符号差异。在不良贷款率相对较低的一组，经济波动率的回归系数显著为正。这意味着这些省市的地方政府可能更加倾向于采取"强化市场型"的行为，在间接融资主导型的融资结构下，经济周期和经济结构调整的代价便积累在银行系统，出现经济波动与不良贷款率显著正相关；而在不良贷款率相对较高的一组，经济波动率的回归系数显著为负。根据前述的理论框架，这意味着这些地区的不良贷款更可能是因为中央和地方政府的直接干预和金融抑制所引起的，并以牺牲金融资源配置效率为代价来确保经济稳定增长。总之，模型 III 和模型 IV 的回归结果总体上是实证了假说 2 的理论预期，各地区银行业不良贷款率与经济增长波动之间将存在不同的相关性。

代表一地区金融压抑程度的金融相关比率 Fir 的回归系数在四个回归模型中都显著为负。也就是说，金融越不发达的地区，其不良贷款率越高。根据前述理论框架，在银行主导型的融资结构下，如果一地区地方政府行为更加倾向于"勾结型"或"掠夺型"，那么银行的理性选择是减少对该地区的融资，从而在该地区形成金融抑制的现象，进而一方面导致经济环境恶化带来不良贷款上升，另一方面也使得中央政府出于平衡地区发展的考虑而对银行贷款进行政策干预，形成政策性不良贷款。因此，总体上就表现出了金融相关比率与不良贷款率负相关性。

根据回归模型，一地区工业企业中国有企业比重、资产负债率对该地区的不良贷款率都存在显著的正影响。国有比重越高、资产负债率越高的地区不良贷款率越高。按照前述理论框架，国有比重越高，资产负债率越高都会强化财政分权下地方政府做出"勾结型"或"掠夺型"行为的倾向，从而出现因金融财政化和政策性干预的不良贷款，因此这一回归结果总体也是与前述理论预期相一致的。类似地，模型 I 也表明一地区信任度越高，不良贷款率会越低。有意思的是在模型 I 中执法指数与不良贷款率呈正相关，这可能是因多重共线性引起的，从而前面的相关性分析可以看到，执法指数与不良贷款率是负相关的。

三、相关的结论与启示

基于中国经济转型的特点，本书给出了一个解释和分析银行业制度性不良贷款形成的理论框架。改革之初，财政压力导致中国走上财政分权之路，中国对不同地区实行不同的财政分权形式以及各地区经济结构的差异导致了地方政府行为出现"强化市场型""勾结型"和"掠夺型"的分别，政治集权导致了中国政府对银行的所有权以及银行主导型的间接融资结构体系，其结果是：在"强化市场型地方政府"主导的地区，间接融资的长期主导使得经济周期和经济结构调整的代价积累在银行系统；在"勾结型地方政府"主导的地区，在银行主导型的融资结构下，银行往往被作为本地的第二财政，导致金融财政化的不良贷款；在"掠夺型地方政府"主导的地区，银行理性选择是减少贷款，从而导致该地区出现金融压抑的特征，导致政策性的不良资产。这样，一方面可以把我国银行业不良贷款的看作是内生于经济体制改革的过程当中的，另一方面可以把银行业不良贷款的不同成因放在同一个理论框架中加以分析。

基于上述理论框架，利用 1999 年中国工商银行剥离出来的债权类资产和根据公开资料整理的 2005 年各省市不良贷款率等相关数据进行分析表明：①除了不同银行不良贷款的地理趋同性特征外，即使是同一家银行，其在不同地区的不良贷款的行业分布、企业性质分布也表现出了显著的差异；②各省市的财政自给率与不良贷款率之间存在显著的负相关性，财政自给率越高的地区不良贷款率越低；③总体上各省市的经济波动率与不良贷款率之间是负相关的，表明中国各省市可能存在以资金配置效率损失为代价来确保本地区经济稳定增长的可能性，而分组回归分析表明各地区银行业不良贷款率与经济增长波动之间存在不同的相关性。

本节的实证检验总体上支持了第一章给出的理论框架的理论预期。根据该理论框架，中国银行业的不良贷款率的降低，可能不能仅仅依赖于中国金融体系的改革，还必须要进一步改革中国的财政分权制度，完善分税制，提高地方财政自给率，实现地方政府行为的转变，同时资本市场等直接融资渠道的发展也将有助于中国银行业的不良贷款的降低。接下来，在这一分析框架的基础上，我们继续就中国不良贷款的未来趋向做一个分析性的预测。

第四章　不良贷款的未来趋向：基于
理论框架的分析性预测

本书第三章利用中国银行业不良贷款的相关历史数据对本书提出的理论框架进行了检验，应当说检验的结果证实了理论框架在讨论中国不良贷款形成的历史成因方面是富有解释力的。沿着理论框架的逻辑，本章对中国银行业不良贷款的未来趋向做一个探讨。

值得指出的是，尽管谁都不能否认经济体系中"因果关系"的存在，即一个结果的出现必然有一个原因的存在，但是，经济金融系统中也存在着"不确定性原理"，人的行为有多种原因，而且随时会发生变化，知识的复杂性经常使我们显得无知，并不具备知晓未来的能力。"历史是不能重复的"（米塞斯，1985），本书关于中国银行业不良贷款成因的解释性理论框架是基于中国经济转型的历史事实提出来的，尽管得到了统计检验的支持，但用来对中国银行业不良贷款的未来趋势进行预测，应该说还面临的很多未知的东西。然而，正如弗里德曼（1957）所言，一种经济理论或者说分析框架，最终都要接受准确的预测能力的评判，所以本章还是沿着发展出的分析框架对中国不良贷款的未来趋势做一个分析性预测，但这种预测仅是一个参考，需要持怀疑的态度来对待本章推测性的论断，因为它可能忽视了一些基本因素。

本章将从三个方面对中国银行业不良贷款的未来趋势作一个分析性预测，首先是对中国不良贷款在未来几年内的总量趋势做一个分析；在第二节将就几家主要银行的不良贷款趋势做一个探讨；第三节结合本书理论框架讨论一下未来不良贷款可能主集中在哪些行业当中。

第一节　中国不良贷款的总量趋向

根据本书理论框架，在国有银行主导型的融资结构下，地方政府行为是影响银行业不良贷款的重要因素，而地方政府行为又在很大程度上取决于地方政府的财政自给率，因此分析中国不良贷款总量的未来趋向，必须考察两个方面：一是国有银主导型的融资结构会发生什么样的变化；二是影响地方政府的财政自给率有无实质性的变化。

一、融资结构与银行经营

在中国，一个可以比较肯定的判断是，在可预见的时间内将仍然是以银行为主导的融资结构体系。从表 4-1 中可知，2000 年以来，尽管中国股票市场、企业债券市场有了一定的发展，并且随着相关法律制度的完善而日趋成熟，但是在中国银行主导型的融资结构并没有发生根本性的改变，银行贷款仍然占国内非金融机构部门融资总量的 80% 左右。在可预见的一段时间内，我们也有理由预见这种融资结构显然也不会出现根本性改变。这一方面是从

表 4-1　2000 年以来国内非金融机构部门融资情况表　　单位：亿元

年　份	融资总量（亿元）	贷　款		国　债		企　业　债		股　票	
		总量（亿元）	占比（%）	总量（亿元）	占比（%）	总量（亿元）	占比（%）	总量（亿元）	占比（%）
2000	17163	12499	72.8	2478	14.4	83	0.48	2103	12.3
2001	16555	12558	75.9	2598	15.7	147	0.89	1252	7.6
2002	23976	19228	80.2	3461	14.4	325	1.36	962	4.0
2003	35154	29936	85.2	3525	10.0	336	0.96	1357	3.9
2004	29023	24066	82.9	3126	10.8	327	1.13	1504	5.2
2005	31507	24617	78.1	2996	9.5	2010	6.38	1884	6.0
2006 年第三季度	32894	28234	85.8	1883	5.7	1808	5.50	969	2.9
2007 年第一季度	14631	14293	97.7	−19	−0.1	41	0.28	316	2.2

资料来源：历年《中国人民银行货币政策执行报告》。

居民的储蓄行为来看，银行存款仍然是居民金融工具组合中最主要的投资选

择；另一方面，正如第二章文献综述所表明的，由于受我国产业结构、法律制度环境、投资者保护程度、信用环境、风险意识以及文化习俗的因素的影响，在相当一段时间内企业外部融资也将仍然是以银行贷款为主。

给定银行主导型的融资结构，在前文分析框架下讨论未来银行业不良贷款的趋势，接下来需要分析的就是各级政府，特别是地方政府干预银行经营的能力，或者说商业银行经营的独立性是否有所改变。

自1997年11月全国金融工作会议以来，为了推进银行公司治理改革和业务发展，中国银行业引入了一系列的战略投资者，见表4-2。通过财务重组、核销呆坏账、注资及上市融资"四步走"的改革措施，中国建设银行、中国银行和中国工商银行这三家主要的国有商业银行成功实现了股份制改造。理论上，通过引入战略投资者一方面可以改变单一的股权结构，有利于提高银行的国际化程度；另一方面，通过"引智"吸收行业先进技术和管理经验有利于促进管理模式、经营理念与国际的接轨。但是，已有的一些研究表明，从目前信贷风险数据及信贷决策侧重所反映出的银行市场化改革的效果并不清楚。

表 4-2　近年来境外商业银行参股中国商业银行情况

时　间	境外机构	中资银行	引资金额	持股权比例（%）
1996 年 10 月	亚洲发展银行	中国光大银行	1900 万美元	3.29
1999 年 9 月	国际金融机构（IFC）	上海银行	5510 万美元	7
2001 年 12 月	汇丰银行		6300 万美元	8
2001 年 12 月	香港上海商业银行		2360 万美元	3
2001 年 12 月	国际金融公司（IFC）	南京商业银行	0.265 亿美元	15
2003 年 1 月	花旗集团	浦东发展银行	0.6753 亿美元	5(4.62)；未来最高可持 24.9%
2003 年 12 月	恒生银行	福建兴业银行	17.25 亿人民币 2.08 亿美元	15.98
	新加坡政府直接投资公司（GIC）		5.4 亿人民币 0.52 亿美元	5
	国际金融公司（IFC）		4.32 亿人民币 0.65 亿美元	4
2004 年 2 月	韩国韩亚银行	青岛国际银行	收购韩国第一银行持有的青岛国际银行 50% 股权，同时增资 1611 万美元	72.31

续　表

时　间	境外机构	中资银行	引资金额	持股权比例(%)
2004 年 5 月	美国新桥投资	深圳发展银行	约 15 亿人民币	17.89
2004 年 7 月	国际金融公司(IFC)	民生银行	0.235 亿美元	1.08(1.22)
2004 年 8 月	汇丰银行	交通银行	17.47 亿美元	19.9;2008—2012 年期间,在法律许可情况下,可增持股份不超过 40%。
2004 年 10 月	国际金融公司(IFC)	西安市商业银行	0.032 亿美元	2.5,将达到 12.5
	加拿大丰业银行		0.032 亿美元	2.5,将达到 12.4
2004 年 11 月	澳洲联邦银行	济南商业银行户	0.1735 亿美元	11.0
2004 年 11 月	新加坡淡马锡控股公司	民生银行	1.07 亿美元	4.55
2004 年 12 月	新桥投资	深圳发展银行	1.5 亿美元	17.89
2005 年 3 月	荷兰国际集团全资子公司 ING 银行)	北京银行	17.8 亿人民币 1.96 亿欧元	19.9
	国际金融公司(IFC)		4.47 亿人民币 0.59 亿欧元	5
2005 年 4 月	澳洲联邦银行	杭州商业银行	6.26 亿元	19.9
2005 年 6 月	德意志银行	华夏银行	出资 26 亿元(2.72 亿欧元)向首钢、山东电力等 18 家华夏银行股东购入华夏银行 5.87 亿法人股。占华夏银行总股数 13.98%。	7.02
	德意志银行卢森堡股份有限公司			2.88
	萨尔．奥彭海姆企业			4.08
2005 年 6 月	美洲银行(BOA)	中国建设银行	25 亿美元(首期)	9.0(未来 5 年半达到 19.9)
2005 年 7 月	新加坡淡马锡控股公司		14.66 亿美元	5.1
2005 年 7 月	德国投资与开发公司(DEG)	南充商业银行	400 万欧元	10
	德国储蓄银行集团(SIDT)			3.3
2005 年 8 月	高盛、安联、运通	中国工商银行	37.82 亿美元	10

续　表

时　间	境外机构	中资银行	引资金额	持股权比例（%）
2005 年 8 月	苏格兰皇家银行联合美林公司和中国香港富豪李嘉诚组成财团	中国银行	31 亿美元。其中，苏格兰皇家银行将支付 16 亿美元认购中行 5.16% 的股份，美林和中国香港富豪李嘉诚将共同投资 15 亿美元认购该行 4.84% 的股份	10
	新加坡淡马锡控股公司		15.5 亿美元	5
2005 年 9 月	瑞士银行集团		5 亿美元	1.61
2005 年 9 月	渣打银行	渤海银行	1.2 亿美元	19.99
2005 年 10 月	亚洲开发银行	中国银行	7500 万美元	0.24
2005 年 10 月	法国巴黎银行（从 IFC 和其他中资股东手中购得）	南京商业银行	8,700 万美元	19.2
2006 年 2 月	巴基斯坦哈比卜银行（Habib Bank Limited）	乌鲁木齐市商行		19.9
2006 年 5 月	新加坡华侨银行	浙江宁波市商业银行	5.7 亿元	12.2
2006 年 7 月	澳大利亚和新西兰银行集团（澳新银行）	天津商业银行	9 亿元人民币	20
2006 年 7 月	荷兰合作银行	杭州联合农村合作银行	2.66 亿元人民币	10
2006 年 7 月	国际金融公司（IFC）	杭州联合农村合作银行		5
2006 年 8 月	亚洲开放银行	杭州商业银行		近 5
2006 年 10 月	摩根士丹利	南通银行	并购，从而获得了商业银行执照，扩大了其在中国的产品和服务范围。	
2006 年 11 月	美国花旗集团牵头组织的国内外投资者团队	广东发展银行	242.67 亿元人民币	认购重组后的广发行 85.59% 股份，其中花旗集团持股 20%。
2006 年 11 月	澳新银行	上海农村商业银行	20 亿元（折合 2.52 亿美元）	19.9
2006 年 12 月	西班牙银行（"BBVA"）	中信银行	5.01 亿欧元	5

续　表

时　间	境外机构	中资银行	引资金额	持股权比例(%)
2006 年 12 月	亚洲开发银行	杭州市商业银行	定向增发 6600 万新股的方式。	4.99
2006 年 12 月	香港大新银行(中国)	重庆市商业银行		24.99

资料来源：根据国研报告《中国银行业对外开放的历程、进展及影响》，2007 年 2 月 5 日。

Podpiera(2006) 分析了自 1997—2004 年间的贷款增幅、贷款价格及地区信贷模式发现，没有明显的证据显示国有商业银行在以市场化为导向的经营及行为模式上发生了较大的改变。银行的信贷规模扩张有所减缓，但是在贷款利率上依然没有区别。国有商业银行的信贷主要是由存款驱动。在金融产品定价上，并没有将企业的赢利能力考虑在内，而实际上，在企业利润更高的省市，国有商业银行贷款利率水平设定得更低。近年来，大型国有商业银行在企业利润更高的省市的信贷市场份额反而在持续下降。另外一方面，国有企业产值份额似乎对国有商业银行的信贷收益的提高没有显著影响，这意味着国有商业银行以国有企业为主要信贷对象的意义在减弱。

因此，即使是在深层次的改革成功实行后，国有商业银行的基本行为模式发生彻底变化也仍然是有待时日。而在此过程中，政府采取激励措施使银行的决策立足于市场化的基础上，并且严格避免政策性的干预，增加银行运营的透明度，提高贷款强制执行的外部法律环境，为银行的市场化决策提供基础性条件就显得很重要了。因此，接下来我们来考察一下政府行为和影响政府行为的财力能力在近期的变化情况。

二、财政自给率和政府行为

财政自给率等于地方财政收入与地方财政支出之比。当由地方政府组织的财政收入大于地方财政支出，那么财政自给率大于 1，也意味着地方政府享有较高的财政自主权，有更大的可能去致力于促进本地经济发展，通过提供良好的公共服务来培育税基，在这种情况下地方政府干预银行经营的动力也就下降了；如果地方财政收入小于地方财政支出，财政自给率小于 1，那么地方政府将一方面需要依靠中央财政的补贴才能满足本地财政支出需要，更有可能"眼睛朝上"按中央政府的意志行事，另一方面将会有更大的动力去干预银行的经营，将银行等金融资源作为"第二财政"。而本书的统计回归也表明，在去掉与财政自给率相关性显著的其他变量的情况下，地方财政自给率与当地的不良贷款率明显负相关，也就是说财政自给率越高的地区其不良贷款率越低。

　　表 4-3 给出了 1979—2005 年间各省财政自给率的变化情况。我们可以看到各省财政自给率的变化具有如下几个特点：首先，在 1980—1993 年间的财政承包制下，各省的财政自给率要明显地高于 1994—2002 年间实行分税制的财政自给率。这表明分税制改革带来了中央财政集权程度的提高，使得地方政府在财政上更加依赖于中央政府；其次，随着财政制度的改革，各省之间财政自给率的差异程度不断缩小。1979 年到 1987 年各省财政自给率标准差为 1.11，而 2000 年到 2005 年各省财政自给率只有 0.19，这意味着不同地方政府的财政自主权趋于一致；第三，东部地区各省的财政自给率明显高于中西部地区。东、中、西部 1979—2005 年间各省财政自给率的平均值分别为 1.21、0.72 和 0.43，三大地区财政自主权的差异在一定程度上可以为这些地区地方政府行为的不同提供解释。西部地区 50% 以上的地方财政支出都依赖于中央转移支付，很自然地，该地区地方政府也有更大的可能去寻求干预银行等金融机构的经营，或者把银行等金融资源作为本地的第二财政，或者要求中央政府的政策干预通过金融系统来获得所需资金，而拥有高度财政自主权的东部地区地方政府则直接干预银行经营的动力就要小得多。值得指出的是，实行分税制以后，以 2000 年为分界点，除了北京、上海、江苏、浙江、广东、山东这 6 个经济发达的省市以外，其他省市的财政自给率都有所下降。在本书理论框架下，财政自给率的下降将带来银行不良贷款率上升的压力。

　　除了上述省级财政外，从县乡财政也可以看到，近年来县乡地方收入和支出的缺口也是呈不断扩大趋势，自 1998 年以后尤其明显，见表 4-4。如果不考虑上级补助，1994 年县乡财政粗缺口约 700 亿，1998 年增加到 1000 亿元，而到 2002 年迅速增加到 3000 多亿元，缺口规模相当于其自身财政收入的规模。随着县乡粗缺口的迅速扩大，上级补助也是直线上升。县乡财政粗缺口如果加上上级财政净补助后，净缺口基本一直维持在 50 亿元和 150 亿元之间的水平。由于地方政府无权直接发行地方债券，这部分净缺口就在很大

表 4-3　1979—2005 年各省级财政自给率

	1979—1987 年 （均值）	1988—1993 年 （均值）	1994—2000 年 （均值）	2001—2005 年 （均值）
北　京	2.21	1.19	0.75	0.83
天　津	2.12	1.27	0.71	0.68
河　北	1.16	1.01	0.64	0.53
山　西	0.92	0.98	0.61	0.48
内蒙古	0.30	0.55	0.43	0.33
辽　宁	2.05	1.12	0.65	0.57
吉　林	0.69	0.74	0.48	0.35
黑龙江	0.85	0.84	0.57	0.43
上　海	6.15	2.12	0.82	0.83
江　苏	2.05	1.31	0.71	0.77
浙　江	1.68	1.31	0.68	0.80
安　徽	1.06	0.86	0.62	0.45
福　建	0.85	0.88	0.71	0.69
江　西	0.75	0.77	0.61	0.44
山　东	1.47	0.95	0.69	0.72
河　南	1.09	0.95	0.60	0.49
湖　北	1.26	0.97	0.60	0.48
湖　南	1.14	0.95	0.57	0.46
广　东	1.20	0.98	0.78	0.80
广　西	0.67	0.77	0.57	0.47
海　南	0.53	0.54	0.65	0.49
重　庆	—	—	0.00	0.47
四　川	—	1.08	0.62	0.44
贵　州	0.55	0.77	0.46	0.36
云　南	0.70	0.87	0.45	0.39
西　藏	-0.06	0.03	0.09	0.06
陕　西	0.77	0.82	0.52	0.41
甘　肃	0.89	0.76	0.41	0.29
青　海	0.25	0.44	0.28	0.19
宁　夏	0.32	0.46	0.39	0.28
新　疆	0.28	0.47	0.42	0.35
均　值	1.17	0.89	0.55	0.50
标准差	1.11	0.36	0.18	0.19
东部 1979—2005 年均值	1.20532			
中部 1979—2005 年均值	0.72031			
西部 1979—2005 年均值	0.43469			

　　资源来源：根据国家信息中心数据中心和国家统计局网站提供数据计算得来。注：
财政自给率＝地方财政收入/地方财政支出。

表 4-4　县乡财政缺口情况（亿元）

年　份	1993	1994	1995	1996	1997	1998	1999	2000	2001	2002
收　入	1372	967	1261	1578	1497	1677	2426	2636	3096	3225
支　出	1458	1703	2042	2451	2390	2651	3734	4199	5253	6313
粗缺口	−86	−736	−781	−873	−893	−974	−1308	−1563	−2157	−3088
净补贴	2	651	665	741	789	837	1098	1451	2108	2979
净缺口	−84	−85	−116	−132	−104	−137	−210	−112	−49	−109

资料来源：周飞舟（2006）。

程度上需要依赖银行等金融机构来加以弥补。由于地方政府财政支出的并非完全是以经济效率为依归的，银行用于弥补县乡财政缺口的贷款极易转变成为不良贷款。

　　尽管从地方政府财政的角度来看，地方政府干预银行经营的财政动机并无显著变化，但是值得注意的是，整个国家汲取财政的能力近年来却是在稳步上升，如图 4-1 所示。国家财政收入占 GDP 比重在经历 1995 年为 10.3% 的最低点后，此后便稳步上升，2005 年达到了 17.3%，国家财政总收入达到了 3 万多亿元，这一财政能力水平与以发达工业国家相差无几。与之相伴的是，中央财政能力也在稳步上升，2005 年中央财政收入占全国财政收入比重为 52.3%。中国财政由"弱财政、弱中央、强地方"的格局逐步转化成了"强财政、强中央"的格局，分税制改革带来了明显的税收集中效应。

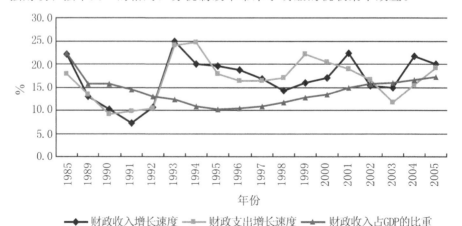

图 4-1　国家财政收支增长迅速及国家财政收入占 GDP 比重

资料来源：《2006 年中国统计年鉴》。

在本书框架逻辑中，国家汲取财政的能力和汲取金融的能力具有一定的替代性。国家财政能力的稳步上升，使得政府在提供公共物品和服务、重新分配收入、进行公共投资、维护社会稳定的能力逐步增强，同时也使得政府不需要通过去汲取金融，使金融机构来承担财政的职能。如果说，在 20 世纪 90 年代经济转型过程中，中国政府在财政能力下降的同时，迅速加强对了金融的控制，依托金融网点的行政化分布，重建了收集和分配民间的财富的能力；那么近年来，随着国有财政能力的稳步上升，中央和地方也在逐步放松对金融的直接控制，更有动力推动银行等金融机构的市场化改革，使其按市场化的方式配置资源，以实现资金利用效率的最大化。因此，从整个国家财政能力的角度来看，是有利于减少政府对银行经营的干预的，从而降低银行体系的政策性不良贷款和因扮演第二财政角色所导致的金融财政化的不良贷款。与上述从政府、财政和金融总量角度来进行分析不同，周飞舟（2006）分析了分税制改革所带来的政府和企业之间关系的变化，他的这一分析也有助于我们在分税制改革和完善的背景下讨论银行不良贷款的未来趋向。

1994 年实行分税制改革之前，各级政府是按照企业隶属关系组织税收收入，使得地方政府热衷于多办"自己的企业"，对于省市级政府，国有企业是其关注的重点，而对于县乡级政府，集体企业和乡镇企业则是政府扶助的重点。在这种状况下，企业经营不善亏损严重，政府也有动机搭救，并有动力协助地方企业逃废国有银行的债务，造成银行对地方国有企业的"软预算约束"。实行分税制改革以后，中央和地方对企业税收的划分不再考虑企业隶属关系，这使得与包干制相比，分税制下地方政府经营企业的收益减小而风险加大。因此，20 世纪 90 年代中期地方政府纷纷推行乡镇企业转制。与此过程相伴随的是地方政府的财政收入增长方式也发生了明显的转变，即由过去的依靠企业税收变成了依靠其他税收尤其是营业税。1994 年分税制改革之初，地方财政收入增值税占 22％，营业税占 20％，到 2003 年，营业税上升到 25％，而增值税下降到 18％。2002 年开始，中央进一步实行所得税分享改革，即将原来属于地方税收的企业所得税和个人所得税变为共享收入（中央占 60％，地方占 40％），这使得地方政府从发展企业中获得的税收收入进一步减少，对营业税的倚重进一步加强。

与增值税不同，营业税主要是对建筑业和第三产业征收的税收，其中建筑业又是营业税的第一大户，所以地方政府将组织税收收入的主要精力放在发展建筑业上是顺理成章的事情了。所以，可以看到，2002年以来，地方政府对土地开发、基础设施投资和扩大地方建设规模的热情是空前高涨。

此外，分税制作为一种集权化的财政改革，也使得地方政府开始寻求将预算外和非预算资金作为自己财政增长的重点，这一部分资金管理是高度分权化的，特别是非预算资金这一块。预算外资金的主体是行政事业单位的收费，而非预算资金的主体是农业上的提留统筹和与土地开发相关的土地转让收入。对于中西部地区而言，在分税制改革和乡镇转制之后，农业的提留统筹以及其他的集资收费成为政府财政工作的重点，而对东部地区而言，非预算资金的主体是土地开发和土地转让收入，地方政府通过征地、开发、出让之后获得收入。

农村的提留统筹、大力发展建筑业带来的巨额营业税、土地转让收入，使得地方政府行为由发展企业转移到以土地开发为主的城市化上面来，地方政府与企业之间的关系被重塑，地方政府招商引资，进行工业化不再主要是为了直接从企业税收和利润中得益，而是从随着工业化展开的城市化中获得好处。在本书理论框架下，地方政府行为方式的转变，也意味着银行贷款风险来源的转化，不良贷款将向城市基础设施、建筑业和房地产业等与城市化相关的行业集中。具体反映到银行贷款上，可以看到中国银行业贷款长期化趋势加剧，2000年以来，短期贷款余额占金融机构各项贷款余额的比例逐年下降，而中长期贷款余额占金融机构各项贷款额的比例持续增加，从2006年开始，中长期贷款余额超过了短期贷款余额，2006年短期贷款余额占金融机构各项贷款余额的比例为43.79%，而中长期贷款余额的比例则为47.28%。2007年第1季度中长期贷款增长速度仍然快于短期贷款，而且主要显示为基本建设贷款。

三、一个总结性的分析

从上述关于我国融资结构、银行经营模式、财政税制的改革以及由此引发的地方政府行为的变化的讨论中可以看到：①在可预见的时间内我国将仍然是银行主导型的融资结构体系；②尽管银行业已开展了一系列较深层次的改革，国有商业银行的基本行为模式发生彻底变化仍然有待时日，并且有赖于外部条件，特别是政府行为模式的转变；③分税制带来了中央财政的集权，使得地方政府财政自给率仍然维持在比较低的水平上，但各地财政自给率的差异在缩小，从地方政府财政的角度来看，地方政府干预银行经营的财政动机并无显著变化，而行为方式却在趋于一致；④整个国家汲取财政的能力近年在稳步上升，有利于弱化各级政府把银行作为第二财政的动机；⑤分税制改革，特别 2002 年的所得税分享改革，使得地方政府行为由发展企业转移到城市化上面来了。

基于上述几点，根据本书前述理论框架的逻辑，我们说，中国银行业在未来几年内将仍然面临较大的不良贷款反弹压力。一是银行主导型的融资结构在近期内难于发生根本性的变化，使得经济波动的风险仍然将集中在银行体系当中；二是在国有商业银行基本行为模式转变有待时日的情况下，由于地方财政自给率仍然维持在较低水平，地方政府将仍然有动力去干预银行的经营；三是由于地方财政自给率差异在缩小，并且分税制改革使得地方政府的关注点转向了城市化，使得银行业不良贷款反弹压力区域差异缩小，而行业向房地产、基础设施建设，比如公路建设等与城市化相关的领域集中。

事实上，如图 4-2 所示，从我国信贷增长与 GDP 增长率比较来看，1989 年至 1995 年我国银行贷款经历了急剧的扩张，贷款增长率远高于 GDP 增长率。随着宏观经济增长从 1996 年放缓，信贷风险显现，银行不良贷款便迅速积聚。银行不良贷款率 1996 年为 29.4%，到 1999 年便高达 55%，不良贷款余额由于 1996 年的 1.4 万亿元上升至 2000 年的 3.7 万亿元。2000 年以后，我国银行业信贷规模再次急剧扩张，信贷增长率连续 4 年高于 GDP 增长率，2005 年经历短暂回落后，2006 年再次高于 GDP 增长率。信贷规模的急剧扩张，为我国银行业不良贷款的反弹留下了隐忧。

当然，值得指出的是，随着国家财政汲取能力的稳步上升和中央财政能力的增强，中央政府为平衡地区差异而干预银行贷款的动机已经越来越弱了，而致力于城市化的地方政府直接干预银行向企业贷款的动机也将减弱，这使得银行体系当中"金融财政化的不良贷款"和"政策性不良贷款"都将下降。

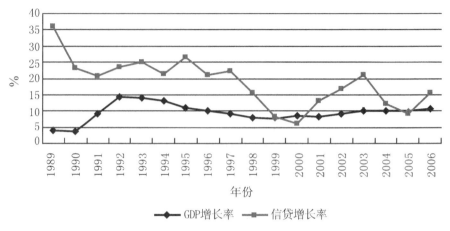

图 4-2　1989—2006 年中国 GDP 与信贷增长情况

第二节　主要银行的不良贷款趋向

本章第一节讨论了我国银行业不良贷款总量的未来趋势。由于银行主导型的融资结构在近期内不会发生根本性改变，而国有商业银行的经营模式的转变也有待时日，在我国财税体制改革使得地方政府行为由关注工业化转向了城市化的情况下，我国银行业将仍然面临较大的不良贷款反弹压力。尽管随着我国财政能力的不断增强，因金融财政化和政策性干预而导致的不良贷款会有所下降，但因过度城市化和经济波动所带来的风险仍然积聚在银行体系当中，最终形成银行业的不良贷款。

在上述背景下，本节着重讨论一下我国主要银行不良贷款的未来趋向。随着国有商业银行股份制改造上市，国有商业银行的信息披露也日益充分，这使得观察其不良贷款的未来趋势成为可能。

根据中国银监会公布数据，2006 年年底，中国工商银行、中国农业银行、中国银行和中国建设银行这四家主要的国有商业银行的总资产总额占整个银行业金融机构的资产总额的比例 51.3%，负债总额比例为 51%，四大行资产占据了整个银行业金融机构资产的半壁江山。因此，这四家银行的资产质量变化趋势将直接影响到中国整个银行业的资产质量状况，2006 年年末这

四家国有商业银行的不良贷款占全部银行业金融机构的不良贷款比例在 85%
以上。

应该当说，经过一系列改革重组，中国国有商业银行不良贷款率有了大
幅下降。2006 年国有银行资产质量仍然继续得到了改善，不良资产总额和不
良贷款率实现了双降。除农行外，其他三家银行不良贷款率在 2006 年年末都
已经降到 5% 之内。但是，这四大国有商业银行的资产质量仍然存在隐忧，
见表 4-4。

表 4-4　2006 年年末四家主要银行的贷款分类及占比情况表

银行名称	年份	单位	正常	关注	不 良 贷 款				合计
					小计	次级	可疑	损失	
工行	2006 年	金额（万元）	31.656	3.278	1.377	668	620	90	36.312
		占比（%）	87.18	9.03	3.79	1.84	1.71	0.24	100
	2005 年	金额（万元）	28.339	3.013	1.544	930	567	47	32.896
		占比（%）	86.15	9.16	4.69	2.83	1.72	0.14	100
中行（境内机构）	2006 年	金额（万元）	17037	1886	958	385	431	142	19881
		占比（%）	85.69	9.49	4.82	1.94	2.17	0.71	100
	2005 年	金额（万元）	14302	2715	982	441	429	113	17999
		占比（%）	79.46	15.08	5.46	2.45	2.38	0.63	100
建行	2006 年	金额（万元）	25.133	2.659	944	293	560	92	28.736
		占比（%）	87.46	9.25	3.29	1.02	1.95	0.32	100
	2005 年	金额（万元）	20.730	2.910	945	425	455	66	24.584
		占比（%）	84.32	11.84	3.84	1.73	1.84	0.27	100
农行	2006 年	金额（万元）	—	—	—	—	—	—	—
		占比（%）	—	—	—	—	—	—	—
	2005 年	金额（万元）			7404				28293
		占比（%）			26				100

资料来源：工行、中行和建行 2006 年年报；农行 2005 年年报。

首先，高比例的关注类贷款隐含着不良贷款上升压力。2006 年年末，工

行、中行和建行的关注类贷款比例都在 9％以上。也就是说，除了不良贷款外，这三家银行的所有贷款当中，还有 9％以上的贷款尽管借款人目前有能力偿还贷款本息，但是一旦出宏观经济放缓等因素，就可能对偿还产生不利影响，极有可能转为不良贷款。此外，关注类贷款也可以被银行用来隐藏不良贷款，被归为不良贷款一步之遥的种类。"关注类贷款"往往被看作是经济增长放缓时最危险的一类贷款。具有较高比例的这种特定的贷款分类结构，可能隐含着不良资产上升的潜在压力；

其次，近年来快速的贷款规模扩张为今后不良贷款反弹留下了空间。2005 年年末到 2006 年年末，工行、中行和建行的贷款都经历了较大的增长，增速分别为 10.38％、10.46％和 16.89％。从不良资产与经济周期的历史波动轨迹看，通常不良贷款大部分都是经济景气迅速上升时期投放出去的。从 2004 年 4 月开始，政府采取了一系列措施来冷却过热的经济。尽管，目前还不能确定前几年经济快速增长进程中投放的大量信贷，在宏观调控政策措施之下会不会给银行带来不良资产的上升。然而，在经济增速减缓以及产能过剩问题成为经济运行中主要问题的时候，银行的不良贷款余额和比率均有进一步上升的可能性，再加之重组和改制后的国有银行的信用风险管理尚未经历重大的历史考验，在银行信贷扩张较快的情况下，随着重点行业的产能过剩的出现，产业结构调整可能导致新增贷款风险逐步加大，这些都可能会抬高银行不良贷款比率；

第三，银行自我消化不良贷款的能力仍然相对有限。从表 4.2.1 可以看到，尽管 2005 年年末到 2006 年年末工行、中行和建行的不良贷款率分别下降了 0.9、0.64、0.55 个百分点，但不良贷款余额下降却是非常有限的，建行只下降了 0.7 亿元，中行只有 23.87 亿元，而这三家银行的可疑类和损失类贷款余额都不同程度地有所上升。从不良贷款拨备覆盖率这一角度看，农行年报摘要中没有披露该数据，而三家先后完成股份制改革的国有银行该指标在 2006 年都有较大幅度的提高，见表 4-5。中行最高，从 2005 年年末的80.55％提高到了 96％，提高了 15.45 个百分点；其次是建行 2006 年年末为82.24％，而工行该项指标也由 2005 年的 54.20％提高到了 70.56％。虽然不良资产覆盖率有了较大幅度的提高，但与国际银行业相比仍然是有着相当差距的。以美国为例，美国银行拨备充分，不良资产覆盖率很高，截至 2005 年年底，14 家美国银行平均不良资产覆盖率将近 300％，而 2005 年年底我国三家主要商业银行的平均值仅为 67％。

表 4-5 2005 年年末四大国有商业银行不良贷款拨备覆盖率　单位：％

四大国有商业银行	工　行		建　行		中　行		农　行	
年　份	2006	2005	2006	2005	2006	2005	2006	2005
不良贷款拨备覆盖率	70.56	54.20	82.24	66.78	96.00	80.55	n. a.	n. a.

数据来源：根据各行 2006 年年报整理。

此外，农行巨额不良贷款存量也需在近一两年内从银行转移出来。从上表 4-4 也可以看到，中国农业银行的不良贷款率仍然是非常高的。2005 年其不良贷款余额超过了 7400 亿元人民币，占四大国有商业银行同期不良贷款总额 10725 亿元的 69.0％，即使在整个商业银行系统中，占比也高于 50％，而农行当年净利润为 10.44 亿元人民币，除非实行政策性剥离，依靠其自身赢利基本无法化解如此高额的不良贷款。

与国际银行业做一个横向比较，也可以看到中国银行业资产质量仍然是差距比较大。国际银行业基本将不良贷款率控制在 3％左右。按照美国的行业评价惯例，不良资产率大于 1％就标志着资产质量不佳，资产质量好的银行要求不良资产率低于 0.5％。2005 年年底，美国前四大银行不良资产比率平均值为 0.53％。根据英国《The Banker》(1996—2006 年第 7 期)1000 家大银行排行榜统计，2006 年美洲银行和大通曼哈顿公司的不良资产率分别为 0.53％以及 0.56％(表 4-6)。若以此作为参照标准，中国有商业银行的不良贷款率仍显过高，即使考虑到一些历史包袱（但也经过了向资产管理公司的剥离），两者资产质量差距仍然较大。

综上所述，目前工行、建行和中行关注类贷款比例仍然相对较高，而且近年来贷款规模扩张较快，过去一年中实际自我消化不良贷款的量并不大，再加上不良贷款拨备覆盖率相对而言还是比较低，一旦经济增速减缓以及部分行业出现产能过剩，这三家银行将仍然面临较大的不良贷款反弹压力。而正在改革进行中的中国农业银行除非再次实行不良贷款的政策性的剥离，依靠其身是无法消化高达 7000 亿元以上的不良贷款的。第三节将从这些银行贷款的行业分布来进一步探讨其贷款质量的趋向。

表 4-6　中国与美、英、法三大银行核心能力状况比较　　单位：%

名　　称	平均资本利润率		资产收益率		成本利润率		不良资产率	
	2005	2001	2005	2001	2005	2001	2005	2001
中　国								
中国建设银行	23	7.6	1.21	0.34	45.13	26.6	3.84	19.35
中国工商银行	28.1	2.8	0.92	0.13	40.17	87.13	4.69	na
中国银行	22.4	5.1	1.14	0.22	47.95	53.02	4.9	27.51
美　国								
花旗银行公司	38.3	41.4	1.97	2.34	54.56	65.54	na	2.67
美洲银行公司	36.4	29.9	1.95	1.84	49.58	54.91	0.53	1.92
大通曼哈顿公司	17.3	na	1.02	1.22	71.21	69.3	0.56	2.21
英　国								
汇丰控股	29.6	31.6	1.4	1.43	51.21	55.25	1.74	3
苏格兰皇家银行	31.2	na	1.02	1.09	55.33	67.43	1.41	na
巴克莱银行	29.7	36.3	0.57	1.14	60.73	57.22	1.91	2.44
法　国								
农业信贷	17.9	14.8	0.75	0.71	63.05	59.76	2.8	4.92
法国巴黎银行	35.5	30.8	0.67	0.89	61.17	64.2	na	5.7
信贷互助	16.7	19.9	0.72	0.73	64.5	66.5	3.4	4.5

　　注：（1）平均资本利润率＝利润/资本×100%，资产收益率＝税前利润/资产×100%，不良资产率＝不良贷款/总贷款×100%；（2）由于 2001 年《银行家》未提供中国三大国有商业银行不良资产率的数据，所以采用 2002 年的数据进行比较。

　　资料来源：国研究报告《国有商业银行的改革成果、银行业进一步开放带来的挑战以及对策》，2006 年 11 月 29 日。

第三节　银行业不良贷款的趋势：行业分布

　　本章第一、二节分别讨论了我国银行业不良贷款的总体趋势以及四家主要商业银行不良贷款的可能趋向。总体上我国银行业仍然面临较大的不良贷款反弹压力，而四家主要商业银行贷款质量也有待于进一步的改善。在第一节讨论我国银行业不良贷款总体趋势时曾提到，我国财税体制改革使得地方政府行为的差异在缩小，并且使得地方政府的关注点从工业化转向了城市化，这有可能导致银行业贷款风险向房地产、基础设施建设等与城市化相关的领域集中。本节将在考察其他一些国家的历史经验的基础上，结合我国近年来银行贷款的行业结构，来讨论一下我国银行业未来不良贷款可能分布的主要行业领域。

一、世界其他国家的历史经验

本章第一节曾提到，近年来我国国家财政能力有了显著的增强，这使得金融财政化和政策干预而导致的不良贷款趋于下降，更多的银行不良贷款将是因为经济波动的风险在银行积聚。也就是说，随着我国市场经济和财政金融制度的不断完善，我国银行业不良贷款的成因将逐步与一些市场经济国家的成因趋于一致。因此，在讨论我国银行业未来不良贷款可能分布的主要行业之前，考察一下其他国家的不良贷款行业分布可能会有所启发。

周小川（1999）曾总结了世界其他各国银行不良贷款的成因，归纳为五种类型：一是银行自身的制度性缺陷以及银行监管体制的不完善，这一类型以美国储蓄贷款业的破产为代表；二是长期以来经济结构不合理所导致的经济泡沫化的后果，以日本和韩国为代表；三是经济转轨国家的旧体制遗留下来的问题和转轨过程中的不适应，以波兰、匈牙利等国为代表；四是政府政策滞后于经济周期所导致的不良贷款，以北欧四国（挪威、瑞典、丹麦和芬兰）为代表。最后一种类型是单个银行经营决策的失误，法国里昂银行是这一类型的代表。

不论宏观层的不良贷款成因如何，近 20 年来，世界范围内发生的一系列金融危机表明，房地产业尤其是商业地产的繁荣和萧条与银行问题的形成是密切相关的。表 4-7 列出了近年来世界上一些国家金融危机的引发因素。从中可以看到，房地产业在其中扮演了重要的角色。20 世纪 90 年代初，日本房地产泡沫破灭导致了日本经济增长长期停滞；1997 年发生的亚洲金融危机，房地产价格持续高涨是主要诱因；始于 20 世纪 80 年代美国储蓄贷款银行的破产也是与房地产开发泡沫如影随形。事实上，大量的研究表明，房价

对银行信贷的影响十分显著（Zhu，2006）。房价上涨通常会导致银行的信贷
扩张，而房价下跌则在几个方面会导致银行困境：一是房地产贷款是银行贷
款的主要组成部分，房价下跌意味着房地产收益下降，会直接使房地产贷款，
特别是商用房贷款成为不良贷款；二是房地产资产被广泛用做其他类型贷款
的抵押物，当房价下跌时，借款人贷款能力减弱，并面临资金收紧，从而限
制新的投资规模以及降低公司的盈利能力，最终使得其他类型贷款的信用风
险增加；三是房价下跌一方面使建筑业萎缩，另一方面由于不良贷款率增加
和固定资产价值下降，银行资本基础弱化，使借贷市场萎缩，从而降低银行
的盈利能力。

表 4-7   银行危机及其引发因素

金融危机	结　　果	引发因素
1973—1975 年英国的代理银行。伦敦办公楼市场的投机泡沫	银行损失严重。清算银行付出共计 12 亿美元的成本,相当于他们股本金的一半,占当年 GDP 的 1.5%。	前期的房地产供给限制;过度的信贷繁荣;金融媒介。
1984—1991 年美国储蓄贷款银行。西南部投机性的房地产开发泡沫	1400 个储蓄存款机构,1300 家银行破产。处置成本估计为 1800 亿美元,占当年 GDP 的 3.2%。	存款储蓄政策放开后贷款者经验不足;存款保险的道德风险。
1987—1993 年挪威。银行危机	政府接管了占银行系统资产 85% 的三大银行。重建成本估计为当年 GDP 的 5%~8%。	石油价格上涨和房地产不良贷款的共同作用
1991 年瑞典银行。国内外投资的贷款激增	6 家最大的银行中有 2 家被迫清算,占到银行系统资产总额的 22%。有 3 家经营困难。重建成本估计为当年 GDP 的 4%~6%。	取消对国外投资的管制;信贷繁荣;金融媒介。
1991—1994 年的芬兰。储蓄银行危机	政府接管了三大银行的 31% 的账户。重建成本估计为当年 GDP 的 11%~15%。	同瑞典。
1990 年至今,日本。银行系统全面危机	不良贷款率高达 GDP 的 25%。银行关闭或兼并重组。20 世纪末的处置成本为当年 GDP 的 12% 左右。补充流动性耗资 63 亿美元。	长期的地价高启;特殊的房地产金融中介;政府支持大银行的道德风险。

续　表

金融危机	结　果	引发因素
20 世纪 90 年代中期，法国。银行危机	几家大银行濒临清算边缘。政府强有力的救助政策。最终成本估计为 GDP 的 1% 左右。	不真实的估价；对开发商和建筑企业的持股增加了银行对房地产的风险。
1997—2000 年亚洲金融危机。马来西亚、中国台湾地区、韩国等系统银行风险。外国资本流入造成的资产价格房地产泡沫	马来西亚：2 家银行清算。银行系统的不良贷款率高达 20%～35%。 中国台湾：政府介入 70 家财务公司和 6 家银行。不良贷款率高达 46%，净损失等价于 GDP 的 42%。 韩国：2 家银行被国有化，5 家倒闭，7 家被特别监管。不良贷款率高达 30%～40%。财政成本估计为 GDP 的 34%。	长期的地价高启；过度的信贷繁荣；取消对国际资本流动的限制。

资料来源：Nabarro and Key：《房地产市场度量与房地产信贷风险》（王红译），载《房地产指标与金融稳定》，中国金融出版社，2006 年 12 月。

在一国的经济体系中，银行系统是联结房地产市场、证券市场和信贷市场的中枢环节，资产价格泡沫破灭会在银行系统中形成大量的呆坏账，这些呆坏账侵蚀银行资本金，危及银行系统安全；银行继而不得已而收缩信贷，造成经济体中的流动性急剧减少，其他市场中的资金链难以维系，结果一个市场中的危机又被传导到与其相关联的其他市场中，进而引起整个经济体的萧条。所以从原则上来说，政府调节、干预的主要任务在于平抑资产泡沫，在泡沫形成后又尽量要引导资产价格软着陆，一旦银行体系产生了大量呆坏账，则要保证银行系统安全，及时为经济体补充流动性。

表 4-8 给出了 1979—2001 年间房地产上行和下行阶段中一些工业化国家银行损失率、利润率的平均水平。可以看到，在房地产下行阶段，银行利润几乎减半，而贷款损失则几乎为房地产上行阶段的两倍。挪威最为突出，其银行经营受房地产市场变化影响特别大。已有的研究表明，在金融自由经济体中，如果审慎监管没有得到充分发展，金融系统将更容易受到房地产市场波动的影响。

综上所述，如一些工业化国家的经历所表明的，在市场经济条件下银行信贷市场与房地产行业的波动会密切相关，而且银行不良贷款也常常集中在房地产及其相关的行当中。发达市场经济国家的这一历史经验提示我们在讨论中国银行业未来不良贷款的行业趋向时，有必要对我国房地产金融加以考察。而在本章第一节也曾提到，我国财税体制的改革使得地方政府关注的重点转向了城市化。

表 4-8 房地产周期不同阶段的银行盈利性：1979—2001 年

	资本收益率(%)		资产收益率(%)		贷款损失率(%)		年份数量(年)	
	上行	下行	上行	下行	上行	下行	上行	下行
澳大利亚	12.44	9.61	1.27	0.85	—	—	9	7
比利时	12.22	12.31	0.37	0.36	0.32	0.62	15	6
加拿大	18.71	17.24	0.98	0.90	0.72	0.71	10	10
芬 兰	6.75	6.30	0.46	-0.02	0.41	0.23	15	8
法 国	11.07	1.77	0.41	0.04	0.56	1.04	7	7
德 国	10.86	12.74	0.51	0.60	0.63	0.87	12	11
意大利	15.21	12.61	0.99	0.71	0.88	1.16	9	9
日 本	17.67	-3.65	0.48	-0.13	0.06	0.7	13	10
荷 兰	16.34	14.41	0.73	0.51	—	—	15	8
挪 威	15.13	-37.78	0.87	-0.72	0.24	2.47	14	8
西班牙	10.50	7.89	0.96	0.75	0.81	1.30	13	10
瑞 典	15.82	11.53	0.86	0.60	0.49	0.15	12	11
瑞 士	10.96	9.26	0.70	0.54	—	—	12	11
英 国	21.47	15.64	1.05	0.67	—	—	13	5
美 国	17.03	16.02	1.34	1.12	0.90	0.87	14	9
平 均	14.15	7.06	0.80	0.45	0.55	0.92		

注：(1) 总房价是根据实际住宅价格和实际商用房价格加权计算得出；(2) 上（下）是指某国实际总房价上涨或下降的所有年份。

资料来源：Haibin Zhu：《房地产市场对货币政策与金融稳定性的重要性》(宋军译)，载《房地产指标与金融稳定》，中国金融出版社，2006 年 12 月。

二、中国房地产金融及其风险

1998 年以来，为扩大内需，促进经济增长，人民银行出台了一系列鼓励住房建设与消费的信贷政策。这些政策取得了显著成效，有效地支持了房地产业的发展，使房地产业成了拉动中国经济增长的支柱产业。由于房地产业产业链条长，可以带动原材料、家用电器等耐用消费品、住宅装修业、服务业等一系列产业的发展，其促进经济全面发展的重要作用，也成为关注城市化的地方政府发展本地经济的抓手。再加上对地方政府经营土地缺乏有效制约。地方政府以地生财，土地出让金是其重要的资金来源，70 年住宅土地收益由一届政府占用的制度安排，使地方政府成为房地产市场膨胀的直接受益者。地方政府并不十分在意土地利用的长期规划，更乐于见到房价、地价的上涨。

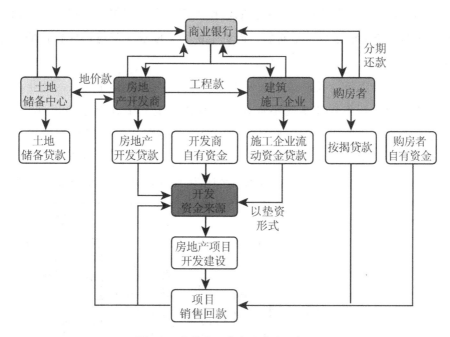

图 4-3　房地产开发企业资金运行图

资料来源：国研报告《2004 年第四季度房地产行业分析报告》，2004 年 12 月。

由于我国缺乏发达的多层次房地产融资市场，目前我国房地产融资对银行贷款的过分依赖的倾向，使得银行当中与房地产相关的贷款成为不良的可能性加大。我国目前大部分房地产开发企业股本不足，融资渠道狭窄，经营资金过分依赖银行贷款；房地产开发商因为较高的资本回报率，也不愿让利从事股本融资。图 4-3 展示了房地产开发的资金运行流程。从资金运行图中可以看出，房地产开发的资金筹措主要是通过银行贷款来完成的，银行贷款共有房地产开发流动资金贷款、房地产开发项目贷款和房地产抵押贷款三种形式。房地产业在生产、流通和消费过程都需要金融业大力支持，而且需要资金量大和资金周转期长。事实上，在房地产项目操作过程中，开发商获取项目后，都是以小比例资金为杠杆，融入银行资金为前期费用，从而撬动整个房地产项目。最初房地产开发企业的自有资金只需项目总投资的 20%，这笔资金主要用于购买土地和支付其他前期费用。在取得土地开发权和"四证齐全"后，开发商可以向银行申请土地贷款和在建工程抵押贷款，用以支付工程建设中的工程款。然后，工程达到规定的进度后，即可申请预售回收资金。房地产开发商正是通过"投入—抵押—再投入—再抵押"的模式形成资金滚动链，利用少量的自有资金获取低投入高产出的回报。这根资金链如果衔接不紧，资金链条很容易断裂；而资金链一旦断裂，就将形成银行的不良贷款。

根据统计资料，我国房地产开发资金主要来源于银行贷款、企业自筹资金以及包括预售款及基建垫资在内的其他资金三个方面。1997 年以来，房地产开发筹措的资金中，来自银行资金占比逐年上升，房地产开发使用银行贷款的比重平均在 55% 以上，如图 4-4 所示。2006 年房地产开发共筹措资金 2.688 万亿元，与当年 GDP 之比为 13%，其中最大的资金来源是

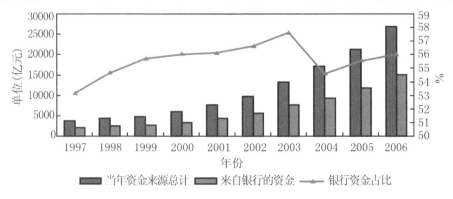

图 4-4 1997 年以来房地产开发企业资金来源（亿元、%）

资料来源：2005 年以前的数来源《2006 年中国统计年鉴》，2006 年数据来自国研网，经计算整理。

"其他资金来源"，为 12635.3 亿元，占 47%，"其他资金来源"主要由销售定金、预售收入和基建垫资构成，这些资金中其较大部分依靠按揭贷款方式实现，其中定金及预收款大约占 40%，定金及预收账款是房地产开发企业按照合同规定预收购房者的购房资金，以及按双方合同规定预收委托单位的开发建设资金。根据中国人民银行发布的《2004 年房地产金融报告》，这部分资金大约有 30% 来自银行；第二大资金来源是"自筹资金"，为 8587.1 亿元，占 32%，统计口径中的自筹资金主要包括：组建企业时各方面投入资金、盈利公积金、资本公积金，以及在近期可以回收的各种应收款（已定合同的应收售楼款，近期可以出售的各类物业的付款等）。这部分资金主要由商品房销售收入转变而来，而大部分来自购房者的银行按揭贷款，按首付 30% 计算，企业自筹资金中有大约 70% 来自银行贷款；国内贷款为 5263.4 亿元，占 20%，但在统计口径国内银行贷款实际上只包括房地产开发贷款。这样，以此计算房地产开发中使用银行贷款的比重达了 56%，超过 1.5 万亿元。

根据国研网金融研究部《金融中国》月度分析报告《资产泡沫与宏观经济稳定》（2007 年 5 月），截至 2007 年 3 月，中国银行抵押贷款余额已达到 GDP 的 32%，约 6 万亿元[①]。由于抵押贷款的主要抵押物是土地和房产，所以银行系统的贷款安全就与房地产市场价格走势密切联系起来。好在中国央行规定抵押贷款最多不能超过抵押物评估价值的 70%，而且统计数据表明，中国住房抵押贷款余额在 2 万亿左右，平均按揭率为 63%；如果抵押贷款的平均存续年限在 2 年以上，假定近两年房地产价格增长率为 13%，那么即便中国房地产价格相对目前的价格水平下降 40%，抵押物价值仍有 76.6%；房地产价格要下降 45% 才会使抵押物价值降到评估值的 70% 以下。从这个角度说，银行系统的抵押贷款基本上是能抵御风险的。

但是除了抵押贷款之外，银行还给予房地产开发企业、建筑施工企业和地方政府的基础建设以综合授信。据该报告估计，其中土地开发贷款约 2000

[①]　该数字为《资产泡沫与宏观经济稳定》一文转引自渣打银行的报告。根据银行年报，2006 年年底中国银行抵押贷款余额为 9222.6 亿元，工商银行抵押贷款余额为 12412.6 亿元，建设银行抵押贷款余额为 12121.7 亿元，招商银行抵押贷款余额为 1329.4 亿元；如果其他银行抵押贷款余额相对这四家银行大体符合其市场地位，那么渣打银行报告中的数据还是基本可信的。

亿元、对房地产开发商的贷款约 9000 亿元，建筑施工类企业贷款约 2000 亿元、政策性住房抵押贷款约 3000 亿元。由于地方政府以财政收入偿还土地开发贷款的能力极低，土地流传变现能力又差，在房地产市场价格急剧下降的条件下，2000 亿土地开发贷款可能全部损失；如果像 20 世纪 90 年代那样，在房地产行业的萧条期，90％的开发商都陷入破产境地，假定对这 90％开发商的贷款能收回 30％，那么对房地产开发商的 9000 亿贷款最终大约会产生 6500 亿不良贷款；剩下两类贷款假定损失率为 75％；初步匡算，房地产行业的潜在不良贷款风险约为 11000 亿元。

直接从各银行的贷款数据来看，房地产贷款也面临较高的风险。表 4-9 给出了四大国有商业银行 2004 年年底和 2005 年一季度房地产贷款的不良状况。从中可以看到，四家国有商业银行给房地产开发商贷款的不良率都比较高，中行和农行给房地产开发商贷款的不良率分别高达 16.6％和 12.8％，中行和建行相对较低，但也在 7％以上。目前看来，四大行个人购房贷款资产

表 4-9　四大国有商业银行房地产贷款不良状况

项　目	2004 年年末房地产贷款余额(亿元)			2004 年年末房地产贷款不良率(%)			2005 年 1 季度末房地产贷款余额(亿元)			2005 年 1 季度末房地产贷款不良率(%)		
	全部	开发商贷款	个人购房贷款	全部	开发商贷款	个人购房贷款	全部	开发商贷款	个人购房贷款	全部	开发商贷款	个人购房贷款
中国工商银行	5810	1685	4124	3.0	7.4	1.2	5998	1764	4233	3.0	7.1	1.3
中国农业银行	4099	1723	2376	8.1	16.6	2.1	4259	1826	2433	7.9	16.2	2.0
中国银行	3784	1018	2766	4.8	12.8	1.8	3984	1023	2961	4.4	12.3	1.7
中国建设银行	5709	2278	3431	3.7	7.3	1.2	5937	2402	3535	3.5	6.9	1.2
汇总	19402	6704	12697	4.6	10.5	1.5	20177	7015	13162	4.5	10.1	1.5

注：本表按"五级"分类标准，不良贷款包括"次级""可疑""损失"三类贷款。原资料直接源于四大国有商业银行房地产贷款部门。

资料来源：中国人民银行《2004 年房地产金融报告》。

质量相对较好，不良贷款率为 1.5% 左右。其中工行、中行和建行的不良贷款率均低于 2%，农行的不良贷款率稍高于 2%。但是，随着房屋税收政策的逐步到位和物业管理费用的提高，以及未来经济波动的影响，购房者的还款能力可能受到影响，按揭贷款也可能出现风险。根据工行、建行和中行公布的 2006 年年报，2006 年这三大国有商业银行对房地产开发贷款余额占全部贷款余额的比分别为 9.09%、10.52%、11.79%，总计达 7503 亿元。此外，三大行 2006 年个人住房贷款余额共计为 1.3 万元，这样工行、建行和中行 2006 年在房地产领域的贷款余额就高达 2.05 万亿元。

总体上，随着全国范围内房地产价格的快速上涨，使得银行将面临较大的房地产市场过热所带来的市场风险，在房地产及其相关行业面临较大的不良贷款上升压力。首先，房地产价格上涨过快容易造成市场价格过分偏离其真实价值，从而产生泡沫。一旦泡沫破灭房地产价格下跌，作为抵押物的房地产就会贬值甚至大幅缩水，使银行不良贷款上升；其次，目前我国房地产开发商以银行借贷融资为主，自有资金很少。房地产融资过度依赖银行，一旦资金链条断裂，风险就会暴露；第三，我国土地开发贷款也存在较大信用风险。我国土地储备贷款 2004 年年底余额为 828.4 亿元，综合授信额度更大。由于各地区土地储备中心资产负债率较高，而各地土地储备机构大都实行财政收支两条线，土地出让金上缴财政专户，各银行对其资金使用很难监管。在地方政府资金紧张的情况下，土地储备机构极可能成为财政融资渠道，出让土地的收入有可能被挪作他用，甚至受地方利益驱使而悬空逃废银行债务，在银行向土地整理储备中心发放的贷款没有有效的担保措施的情况下①，极易形成银行不良贷款。

此外，最高人民法院 2004 年 10 月 26 日发布了《最高人民法院关于人民法院民事执行中查封、扣押、冻结财产的规定》，宣布自 2005 年 1 月 1 日起施行。该规定第六条 "对被执行人及其所抚养家属生活所必需的居住房屋，人民法院可以查封，但不得拍卖、变卖或者抵债"，意味着如果贷款买房者拒

---

① 当前土地储备机构向商业银行贷款的担保主要采用政府保证和土地使用权质押两种方式，这两种方式的合法性尚存在问题。从《担保法》的规定来看，政府及以公益为目的的事业单位不能作为保证人。土地储备中心只是代行政府部分职权的代理机构，并不是实质意义上的土地使用者，因而对其储备的土地也就谈不上拥有真正意义的使用权。可见，对于银行来说，土地质押并未落到实处。

不还款，银行也不能将其居住的房屋变卖以回收贷款，增大了商业银行的房贷风险。

三、总结性评论

世界发达市场经济国家银行危机的历史经验表明，银行的经营状况和资产质量往往与房地产业的繁荣和萧条密切相关。房价的下跌会通过各种直接和间接的渠道使得银行盈利能力下降，银行贷款损失上升。对于经济转型中的中国而言，财税体制改革使得地方政府行为从关注工业化转向了致力促进城市化，而由于房地产业一方面产业链条长，可以促进地方经济的全面发展和城镇化；另一方面房地产开发可以使地方政府获取高额的土地转让和增值收益，并且与房地产开发紧密相关的建筑业又是地方政府营业税的主要来源，这使得近几年房地产业备受地方政府的青睐。1998 年以来中央政府出于扩大内需的考虑也进一步鼓励了房地产业的发展，这使得银行贷款资金大量流进了房地产及其相关行业。一方面，使得房地产业迅速成了拉动经济增长的支柱产业；另一方面，也使得房地产价格在近年来迅速上升，出现过热的倾向，从而使得银行面临不良贷款上升的压力，也使得我们有理由预计，未来银行业的不良贷款可能会向房地产及其相关行业集中。

当然，值得指出的是，从目前银行贷款的行业分布来看，房地产及其相关行业所带来的不良贷款压力并不明显。表 4-10 给出了工行和建行 2006 年年末贷款的行业分布及不良贷款率的情况。制造业、交通及物流业以及批发零售业占据了贷款的主要部分，工行的制造业和批发零售业贷款的不良贷款率分别为 10.16% 和 9.93%，要高于其他行业；建行不良率较高的也是制造业和批发零售业，分别为 5.64% 和 11.11%。相比之下，两家银行的房地产开发贷款的占比分别为 9.09% 和 10.52%，不良率分别为 4.34% 和 6.05%。但是，值得指出的是，这是我国房地产行业处于上行和繁荣期的数据。如果将个人住房贷款、建筑业贷款和房地产开发贷款加总，那么工行、建行和中行的房地产及相关行业贷款占贷款总余额的比例都将达到 20% 以上。一旦房地产步入下行期间，房价下跌，银行在房地产及相关行业的不良贷款必然急剧上升。

表 4-10　工行和建行 2006 年年末贷款行业分布及不良贷款率情况

项　目	工　行			建　行		
	贷款余额（亿元）	占比（％）	不良贷款率（％）	贷款余额（亿元）	占比（％）	不良贷款率（％）
制造业	6726	26.58	10.16	5104	17.76	5.64
交通及物流	5250	20.75	1.27	3267	11.37	1.51
发电和供电	3430	13.55	1.88	3185	11.08	1.37
零售、批发和餐饮	2551	10.08	9.93	735	2.56	11.11
房地产开发	2301	9.09	4.34	3023	10.52	6.05
建筑业	500	1.97	3.02	966	3.36	3.89
公司类贷款合计	25307	100.00	5.02	28736	100.00	3.29
个人住房贷款	4102	71.21	—	4280	73.16	1.37
个人贷款	5761	100.00	1.61	5851	100.00	—

资料来源：工行和建行 2006 年年报。

　　白重恩等人（2007）计算了中国经济转型期间分行业的资本回报率情况。根据他们的计算，在中国改革开放初期，第二产业（包括建筑业、采掘业和制造业）的回报率最高，第三产业较低，第一产业（农业）最低；到了1989—1991 年间，三次产业的资本回报率趋于一致；1991 年开始，第二产业的资本回报率有所提高，第一产业的略有下降，第三产业则有明显下降。如果把此前银行剥离的不良资产存量看作是第二产业资本回报率下降时所留下的隐患的话，那么房地产作为第三产业的一个细分产业，随着第三产业资本回报率的明显下降，我们也有理由预见中国银行业未来不良贷款可能会集中在房地产及相关领域。此外，白重恩等人（2007）也计算了各地区的资本回报率，他们发现各省间资本回报率的差距随时间在减小，这在一定程度上与我们前面的论断是一致的，即由于财税体制改革使得各地方政府行为在逐步趋于一致，从而不同地区地方政府对金融体系的干预方式和强度也不再像以前那样存在显著的差异了。

　　至此，我们就完成了对中国未来不良贷款趋向的讨论。我们说，中国银行业在可预见的几年内仍然面临较大的不良贷款上升压力，这一方面是由于银行主导型的融资结构和国有商业银行基本行为模式实现实质的转变还有待时日，另一方面财税体制改革尽管使得国有财政能力有所提高，但并没有实质性地削弱地方政府干预银行的经营的动力。近年来，工行、农行、中行和建行这四大国有商业银行贷款规模扩张较快，关注类贷款比例仍然相对较高，而不良贷款拨备覆盖率相对而言又比较低，一旦经济增速减缓以及部分行业出现产能过剩，这四大银行将仍然面临较大的不良贷款反弹压力。从不良贷款的未来行业分布来看，世界发达市场经济国家银行危机的历史经验和地方政府行为城市化方向的转变，都意味着我国未来银行业的不良贷款可能会向房地产及其相关行业集中。

第五章 中国银行业下一步处置不良贷款的选择

前三章讨论了中国银行业巨额制度性不良贷款的历史成因，并对中国银行业不良贷款的未来趋向做了一个探讨。在这些讨论的基础上，从本章开始我们来讨论中国银行业下一步处置其不良贷款的可行选择，以及中国金融资产管理公司在不良资产领域的下一步定位。

值得再次强调的是，我们讨论中国银行业不良贷款下一步的处置选择，指的是处于正常经营状态下的健康银行处置其不良贷款的选择。本书不讨论处于危机状态下的银行，特别是处于系统性危机状态下的银行的不良资产的处置。对于危机银行，特别系统性危机下的银行，其处置的面临的核心问题是托管与清算的问题，不良资产的管理和处置只是化解危机过程中的一个环节。而在这种情况下，银行自身显然失去了管理和处置不良资产的能力，必须依靠外来专业机构的帮助，也就谈不上处置方式和机构设置的选择了。

本章第一节将对国内外银行业处置不良资产的经验与实践做一个概略的回顾，并对目前我国银行业处置、出售不良贷款面临的法律障碍做一个考察，就立法方向进行探讨。在此基础上，本章第二节将沿着分工经济和专业化的思路，来讨论银行处置不良贷款的可行选择。

第一节 经验回顾与法律问题

第四章的分析表明，在可预见的一段时间内，我国银行业将仍然面临较大的不良贷款上升的压力，因此，管理不良贷款使其价值最大化，使银行亏损和资本侵蚀最小化将是我国银行业下一步必须要面对的问题。大体上，银行管理其不良贷款至少有三种选择：一是在现有结构内进行管理；二是创建或与资产管理公司合资建立一个专业化的附属机构或子公司进行专业化管理；三是将不良贷款出售给银行外部的资产管理公司来进行处置。应该当说这三种方式各有优劣。本节将首先对国外银行业处置不良资产的经验与实践做一个考察，对我国银行业不良资产处置，特别是将不良资产从银行资产负债表中转移出去面临的法律障碍和立法方法做一个探讨。

一、国外银行业处置不良资产的经验与实践

20 世纪 80 年代末期以来，许多国家和地区的银行都出现了直接损害银行的稳健与安全的巨额不良资产，各国政府、银行和国际金融组织采取了各种措施，解决银行体系的巨额不良资产，避免新的不良资产的产生。20 世纪 80 年代末 90 年代初美国 1400 家储贷机构（S&L）和 1300 家银行破产倒闭，美国成立了重组信托公司（RTC）接管储蓄贷款机构的不良资产，在不良资产处置上创造了好银行和坏银行模式；20 世纪 80 年代末 90 年代初日本泡沫经济破灭引发严峻银行业危机，10 年来不良贷款约 150 万亿日元，日本政府设立整理回收机构（RCC）和"桥银行"，民间设立共同债权回收机构，专门处理银行和非银行机构的不良贷款；20 世纪 90 年代初瑞典金融公司、银行和抵押机构相继出现经营危机，瑞典组建金融资产管理公司（Securum），转移问题银行的不良贷款和资产；西班牙由央行与商业银行组成联合基金，由存款担保基金购买坏账，将坏账留在银行账簿上，政府提供担保，由银行进行贷款的追索；20 世纪 90 年代初波兰经济转轨过程中暴露大量不良贷款，国有商业银行的最高坏账率达 60%，政府通过政府注资、成立处置坏账的专门部门、银行内部成立专门机构处不良贷款问题；1998 年金融危机，韩国参照美国模式改组韩国资产管理公司（KAMCO）、扩大韩国保险公司（KDIC）职能，处置银行业不良贷款；中国台湾设立金融重建基金，民间成立金联资产管理公司和中华开发资产管理公司，收购、出售、重组、拍卖、转移银行不良资产，等等。

周小川（1999）对上述世界各国化解银行不良资产的国际经验做了很好的总结。银行不良贷款的处置是一项综合性的系统工程，涉及处置主体、组

织形式、成本分担和具体处置措施等多个方面。一国究竟采取何种处置模式，取决于包括银行业制度模式、文化背景、不良贷款的成因、风险的严重程度和风险特征等在内的多种因素。不良资产处置，除了本书第一章提到的分散式和集中式的划分方式以外，按实施银行不良资产重组的主导机构不同，也可以分为政府、银行和第三方为主的重组主体。政府主导银行不良资产重组一般只是在银行的不良资产已经严重超过银行承受能力，而且银行的破产会对整个金融系统和经济体系产生重大影响的情况下，政府通过直接注资、接管和清算银行不良资产等方式将不良资产从银行的资产负债表中清除；当银行仍然能够依靠自身力量解决银行的不良资产，并能维持正常的经营活动时，政府往往倾向于由银行依靠自身未来盈利、扩大存款、资产证券化等方式来解决不良资产，在机构设置上银行或者依赖银行原有的内部机构，或者通过银行自己附属的资产管理公司来进行处置不良资产；当政府不愿或没有能力承受银行的不良资产，而银行又不能依靠自身能力解决不良资产问题时，不良资产就由第三方接受，不良资产通过出售或转让给第三方，由第三方负责不良资产的清理。

表 5-1 给出了银行进行不良贷款处置时的可选方案。总体上，银行处置不良贷款受到多方面的限制：一是银行不良资产的严重程度；二是处置机构的专业知识和内在的激励机制；三是机构向借款者提起法律诉讼的权威性；四是处置方式对银行经营的影响，是否会带来道德风险或逆向选择的问题。一般而言，在政府、银行和第三方之间，它们的专业化知识和权威性是负相关的。政府提起法律诉讼的权威性高，但专业知识和内在激励机制最差，而且由于有政府为不良贷款买单，往往容易引起银行经营的道德风险；相对而言，第三方的专业知识和内在激励机制最佳，但提起法律诉讼的权威性最差，银行自主处置则处于两者之间。

表 5-1　银行不良贷款处置选择

待决与出售	
待　决	出　售
银行现有结构进行管理 （主导机构：银行）	政策性资产管理公司 （主导机构：政府）
银行附属专业化独立机构（管理） （主导机构：银行、第三方）	市场化的资产管理公司 （主导机构：第三方）

综观世界其他国家处置银行不良资产的主要做法及经验教训，我们可以得到如下的一些经验和启示：

第一，促使银行主动、及时地清理重组不良资产。各国经验和教训表明，银行业不良资产的重组越主动、进行得越早，不良资产重组的难度越小，成本也越低，反之难度会加大，成本也提高，对国民经济的拖累就越大，政府的各种措施就显得极为被动。美国首先放松银行管制而后又被迫建立重组信托公司清理储蓄贷款机构，多付出成本 2000 亿美元的教训，北欧四国主动对本国银行的不良资产的清理的经验，以及日本金融部门一拖再拖，导致失去银行业不良资产重组大好时机的教训都表明，处置银行不良资产越早越好，越主动越好，越彻底越好。

第二，通过专门机构、专业化运作有利于银行业大规模不良资产的化解和处置。一方面随着银行的规模化经营，不良资产的规模也往往很庞大，银行体系内部正常的呆账核销或者未来盈利很难有效地化解这些不良资产；另一方面由于分业经营的限制，专业人员的缺乏，商业银行处理不良资产总是会遇到种种限制和困难。美国的重组信托公司、波兰的工业发展局、日本的"桥银行"，韩国的资产管理公司，泰国的金融重组局，马来西亚的 Danaharta 资产管理公司以及墨西哥的 FOBAPROA 资产管理公司，包括中国的四大资产管理公司，都证明通过专业化机构的专业化运作有利于银行不良资产的处置，无论这些个专业化机构是隶属于政府的，还是市场化的，或者银行专门的附属机构。

第三，尽可能运用市场化的手段来处置管理银行不良资产。不良资产处置比较成功的国家的地区充分依照了市场化的原则，主要表现为：问题银行利用资本市场进行再资本化；建立信贷资产转让的二级市场；投资银行运用重组和并购技术处置不良资产；金融资产管理公司以市场价格、折现值或不低于评估价的一定比例为依据转移或剥离银行不良贷款，并实行公开和竞争的资产处置原则，运用拍卖、证券化、资产销售承包等市场批量处置技术加速不良资产处置；以银行融资、资产证券化、发行公司债等市场性融资方式，发挥民间金融资产管理公司的作用；建立不良资产处置的批发和零售市场，吸引境外资金进入不良资产市场购买资产组合。在以市场为导向的清理方法下，市场机制在金融不良资产的价值确定、价值发现和价值实现过程中发挥了重要作用。

第四，立法支持，政策配套，制度创新。所有国家银行不良贷款重组的经验和教训表明，在银行不良资产处置过程中，立法支持、政策配套和制度创新非常重要。成熟的资产管理市场、资本市场和信托业发展，为金融不良资产的价值确定、信息披露、重组和并购、以及不良资产证券化工具的运用都提供了必要的市场条件。同时，在美国、日本、韩国、泰国、波兰等国家和地区，金融不良资产市场活动不同程度地得到公司法、信托法、拍卖法、抵押法、重组并购法等一般法的基础性支持，并通过修正和补充银行法，以及颁布与银行业重组和不良资产处置相关的专门法律，如资产管理公司法、银行财务重组和并购法、不良资产证券化法等，对金融资产管理公司的运行和不良资产处置的专业技术手段运用提供更为直接的法律支撑。

二、我国银行出售不良资产的法律障碍

不论采用何种方式处置银行不良资产，都涉及一个问题，就是将不良资产从银行资产负债表中转移出来。在我国，目前除了通过按《金融企业呆账准备提取及呆账核销管理办法》对部分损失类资产进行核销，从而实现不良资产从资产负债表中转移外，就是由国务院及相关监管部分专项审批的政策性很强的不良资产剥离了。在我国，银行自主处置不良资产，特别是通过市场化方式将不良资产出售给资产管理公司，或者剥离给自己附属的专门处置机构，还存在诸多法律障碍（李健男，2006），比如：

（1）现行《中华人民共和国商业银行法（修正）》和《贷款通则》等都没有对银行贷款出售做出明确的界定。《商业银行法》关于银行经营范围中没有列"贷款出售"一项。尽管2004年提出拟修订的《贷款通则（征求意见稿）》开始对银行贷款出售做出规范了，但仍然是缺乏明确的界定。比如征求意见稿中第六十一条规定"贷款人转让贷款的，应按照国家有关规定进行。"显然，银行要出售其贷款还必须有待具体可行的规定出台才能有法可依。而其第六十四条又规定"贷款受让方必须是经国务院银行业监督管理机构批准可以从事贷款业务的金融机构。除此之外的贷款转让，必须经国务院银行业监督管理机构批准。"这就使得银行进行资产证券化要实现"真实出售"必须经国务院银行业监督管理机构批准，银行处置不良资产，向资产管理公司出售

不良贷款，由于资产管理公司是非银行金融机构，也需要经国务院银行业监督管理机构批准。

（2）在贷款转让是否应取得借款当事人的同意方面，也缺乏明确的规定。《民法通则》第五章第二节第九十一条规定"合同一方将合同的权利、义务全部或部分转让给第三人，应该取合同的另一方的同意，并不得牟利"。针对上述法律规定，拟修订的《贷款通则（征求意见稿）》第六十六条规定"贷款人将贷款债权全部或部分转让给第三人的，应当自转让之日起30日内书面形式或以公告形式通知借款人。贷款人未通知借款人的，转让行为对借款人不产生法律效力"。应当说，这一规定大大方便了银行的贷款出售和不良贷款的捆绑式剥离处置，但这一修订稿仍然迟迟没有出台。

（3）在相关税法、会计准则等方面也存在一定的障碍。税收方面，银行出售贷款，如果被看作是一种收款权利的转让，应该属于《营业税暂行条例》规范的范围。但银行贷款往往是由借贷形成的，银行已经就该笔贷款交纳了营业税。贷款出售是否采用追溯性原则，税法并无明确规定。在会计上贷款出售的确认方面也存在诸多问题。国内会计上的出售基本上是针对产品或一般性资产的出售时行界定的，贷款出售存在包括保留追索权的贷款转让和不保留追索权的贷款转让等多种形式，就会出现灰色区域，没有法律保障。

除了上述银行不良资产转移的法律障碍外，银行在自主处置和债务重组中也面临诸多法律问题，郭霁（2007）对这些法律困境做过一个很好的归纳。包括：①银行在设计债务重组时，银行给予贷款展期、利率优惠时，面临《贷款通则》第十六条规定"除国务院决定外，任何单位和个人无权决定停息、减息、缓息和免息"，第十二条规定"短期贷款展期期限累计不得超过原贷款期限；中期贷款展期期限累计不得超过原贷款期限的一半；长期贷款展期期限累计不得超过3年"。等法规的限制。通过调整本金实施减债面临的障碍更多，实践中往往只能接受实物资产抵债，从而引发银行处置上的困难以及银监会、审计署检查时对资产评估、处置时价格的质疑；②银行不良资产重组过程中，在境内也难以实施债转股；③处置时间的限制。《商业银行法》第四十二条第二款规定"商业银行因行使抵押权、质权而取得的不动产或者股权，应当自取得之日起二年内予以处分"。这使得银行处置活动面临很大局限，影响处置收益。

当然，值得指出的是，商业银行自主处置不良资产面临的这些法律障碍也使得商业银行更有动力将不良资产出售转移给专业的、处置法律空间更为灵活的、手段更多的资产管理公司来加以处置，以提升资产价值。

总体上，我国银行要自主地通过向市场化的资产管理公司出售不良资产，或将不良资产剥离至所属专门的资产管理机构，还面临诸多法律问题。一方面，是与现有法律法规冲突；另一方面，是现有法律法规还存在空白。这使得银行想借助第三方，利用市场化原则来处置不良资产必须报银行业监管机构进行专项审批。而这往往会导致银行不能及时主动地清理其不良资产，也限制了利用专业机构进行专业门处置的可能。

三、我国银行不良资产处置立法方向的探讨

时至今日，7 年前首批政策性剥离的不良资产处置任务已基本完成，但正如本书第四章所指出的，我国银行业仍有可能继续产生大量的不良资产有待处置，银行、金融资产管理公司在处置不良资产方面的任务是长期性的。而对于不良资产的处置，有无一个好的法律环境和司法执法，国家需要付出的资源差别可能达几千亿甚至上万亿。目前我国银行本身在冲销坏账、处置资产的过程中还存在诸多法律问题，而将不良资产出售转移给第三方处置又面临法规冲突和空白的困境，因此加紧为不良资产处置立法显得尤为必要。

而我国资产管理公司的发展也同样强烈地提出了立法要求，要求通过国家立法得到明确的授权。现行的《金融资产管理公司条例》《金融资产管理公司资产处置管理办法》《金融资产管理公司财务制度（试行）》及若干最高人民法院司法解释作为四大资产管理公司业务运作的基本政策依据和法规保障，虽然已能基本满足日常需要，但仍存在着明显的立法层次局限。同时，对于资产管理公司在实际运营中出现的与《公司法》《担保法》《破产法》《证券法》等之间的各种矛盾，这些条例、办法、制度也无法解决。在政策上，资产管理公司的业务也面临较多限制，比如禁止其对外进行融资和担保，不允许其参与企业的经营管理活动，剥夺其直接投资功能等。这使得为保证

资产管理公司持续运营，一是要通过法律，明确资产管理公司的目标定位，经营活动范围要有明确的授权，改变目前依靠政府的文件运行的"临时性机构"的地位，这样才有利于理清资产管理公司与上下游机构或组织的关系，有利于资产管理公司的自身建设；二是约束资产管理公司的利益相关者，防止和打击对资产管理公司合法权益的侵害；三是为资产管理公司提供司法保护，使相应的诉讼案件审判有法可依，消除司法灰色地带，防止司法地方保护。

银行处置不良资产有着巨大的立法需求，而资产管理公司持续运营也有着强烈的立法要求，这就使得在考虑为不良资产处置立法时不得不面临这样一个问题，到底是专门针对资产管理公司立法，还是针对不良资产处置这一行为本身立法。我认为，随着不良资产来源日趋多元化，金融资产管理公司的定位和职能向市场化的转型，针对不良资产处置这一行为本身，把金融资产管理公司的定位置于不良资产处置立法当中，而不是针对银行或金融资产管理公司专门立法，将更加有利于银行不良资产处置效率的提高。

首先，针对不良资产处置行为本身立法有利于形成一个公平的市场环境。针对特定的机构组织比如金融资产管理公司立法，一是会造成体制和机构的僵化，束缚金融资产管理公司的市场化转型和运作，使得其难于运用市场化手段来处置不良资产，提升资产价值；二是也容易形成不良资产市场进入的壁垒，造成不必要的市场垄断，使资产管理公司失去市场约束，从而失去提高经营能力的动力。

其次，针对不良资产处置行为本身立法，有利于处置法律法规的完整配套，减少法律之间的冲突和法规空白。不良资产处置涉及银行、资产管理公司、债务人、政府等多个市场主体，如果只是针对金融资产管理公司这一个机构主体立法，而与其他主体相关的法律仍然保持不变的话，往往容易出现顾此失彼的现象，甚至导致法规之间的冲突，留下法规空白，不容易系统化。针对不良资产处置行为本身立法，将有利于从其处置开始，直至其处置结束形成一套完整的法规体系。

第三，针对不良资产处置行为本身立法，能够针对不良资产处置的特性和要求量身定做。我国七年来不良资产处置的经验和实践表明，一是不良资产本身及其处置效率与不良资产的地域特征、行业分布、企业性质和经营状态、贷款方式以及处置时效等都密切相关，具有多样化的特点；二是不同类型的银行，比如国有商业银行、股份制商业银行、城市商业银行对不良资产处置的需求和偏好也存在较大的差异，有的偏好于剥离转移到银行外处置，有些出于维护客户的考虑希望自主处置，这使得如果只针对某一特定机构立法，比如只针对资产管理公司立法难以适应这种多样化。针对资产管理公司立法，银行本身处置的法律困境仍然是没有克服，而针对不良资产处置行为本身立法，则有利于充分适应这种多样性。

第四，针对不良资产处置行为本身立法有利于不良资产处置的创新。如前所述，同样是不良资产处置可以通过不同的机构和不同手段来加以完成，如果只是针对特定的机构，比如金融资产管理公司立法，将不利于银行借助新的机构和新的手段来处置不良资产，从而抑制不良资产处置的金融创新和制度创新。

最后，国外的经验也表明，针对不良资产处置本身立法，把金融资产管理公司的特殊定位置于不良资产处置立法当中，也利于银行不良资产的处置和化解。李健男（2006）对世界各国与金融资产管理公司相关的法律进行比较研究就发现，像美国、韩国、马来西亚、泰国等国家不仅通过特别立法确立了金融资产管理公司作为特殊民商事主体的法律地位，而且对与金融资产处置有关的法律制度，特别是民商事法律制度，都进行了相应的改造和革新。以瑞典为代表的北欧四国则以政府的政策高速代替了立法。

第二节　银行不良资产处置机构设置的比较与选择

本章第一节通过对世界其他国家银行业处置不良资产历史经验的考察发现，主动、及时地促使银行清理重组不良资产、通过专门机构专业化运作、尽可能运用市场化的手段将有利于银行不良资产的低成本处置和化解。银行不良资产处置还需要立法支持，政策配套和制度创新。而在我国不良资产处置还面临诸多法律困境，一个比较可行的路径是针对不良资产处置行为本身立法。基于上述讨论，本节将以结构化的方式来对银行不良资产处置的可选方案进行比较分析，从分工和专业化经济的角度来讨论不同处置方案的适用条件和效率。

一、银行不良贷款处置的基本目标及可选模式

显然，银行处置不良资产的基本目标是要最大化资产的价值，但是，与这一基本目标相关联的还包括：①最小化不良贷款的回收成本；②最小化不良贷款的回收时间；③最小化对资源的约束；④能够使银行保持与有价值客户之间的关系，从而保持银行资产的价值和经营能力；⑤在透明的环境下进行不良贷款的交易。对于具体的资产处置而言，这些目标并非总是一致的，比如要实现不良贷款的快速回收，往往就要适于牺牲资产价值的最大化。

在一些特定的环境下，银行不良资产处置还包括其他目标。比如我国1999年将部分银行不良资产剥离至四大资产管理公司就明确要求资产管理公司不仅要实现不良资产回收价值最大化，还要承担化解金融风险，促进国有企业改革的目标。使得资产管理公司在实际资产处置过程不得不面临回收价值与社会安定、回收速度与回收率的权衡，最大化资产价值的目标就要大打折扣。

不良贷款处置目标的实现，有赖于处置手段的运用和机构的设置。在管理、处置银行不良贷款的机构设置方面，大体上有如下几种选择：一种是由银行自己在现有结构内部来进行管理、处置不良资产，依靠其自身盈利逐步消化、降低其不良资产；二是银行创建或与他人合资成立一个专业化的附属机构来处置不良资产，由专业机构和专业人员进行清理；三是银行将积累的不良资产出售转让给外部专门的市场化不良资产处置机构来进行处置；最后一种是，政府干预，通过设立集权化的政策性资产管理公司，将银行不良资产剥离出来进行处置。当然，在这些选择之间，还有一些过渡形式，比如专门机构接受银行委托，与银行共同处置；再比如银行与专门机构进行产权联合，通过类似项目公司的形式进行不良贷款的处置；还有比如银行通过不良资产证券化来进行不良资产的处置。这些机构安排各有优劣，表5-2从风险转移程度、专业化程度、内在激励、转移定价、对银行经营的影响、法律政策限制等12个方面对这些不同的机构安排进行了比较。接下来我们分别来讨论这些安排的优劣及适用情况。

表 5-2　不良贷款处置机构安排比较

	银行现有结构内部管理	银行附属(合资)的专业化资管理公司	出售给市场化的资产管理公司	剥离给政策性资产管理公司
回收现金速度	很缓慢	较慢	很快	取决于政策安排
从表内转移	不能	部分转移	全部转移	全部转移
处置风险转移	银行100%承担	银行按股权比例分担	处置风险全部转移	不置风险全部转移
银行参与程度	完全参与	部分参与	隔离	隔离
关于不良贷款的信息	有信息优势	有信息优势	取决于尽职调查	取决于尽职调查
处置手段	受法律限制较多	多样化权威性较弱	多样化权威性弱	多样,受政策目标的限制,权威性强
专业化程度	专业化程度低,与银行日常运营有冲突	专业化程度高	专业化程度高	专业化程度较高,但受政治干预
内在激励	中等	较强	强	弱
处置的规模效应	无	取决于是否收购别的银行的不良资产	有	有
转移定价	无定价问题	内部交易可相对迅速转让	定价比较困难交易成本较高	常通过在市场价值以上购买实现对银行的注资
银行的市场声誉	可以延迟损失确认	银行损失确认有影响	有影响	有影响
银行客户的维护	有利	有利	不利于	不利于
借款人道德风险	容易导致借款人道德风险	弱化借款人道德风险	定向出售,有利于防范借款人道德风险	取决于政策干预程度
转移的法律政策限制	无	相对较少	有	特别立法支持
不良贷款的严重程度	不良贷款占比小,银行有能力自主消化	不良贷款占比适中	不良贷款占比适中	不良贷款占比大,无法以分散方式处置

二、银行内部持有、管理和处置

在银行现有内部结构内进行不良资产的处置,好处是能够充分利用银行自身关于不良资产的信息优势,也不存在对外转移定价的问题,有利于银行客户的维护，也可以通过延迟资产损失的确认来达到保护市场声誉的效果。但是，银行自主处置，处置手段受到较多法律法规的限制，专业化程度很低，往往缺乏不良资产清理的专业人才，会干预到银行日常的经营，而且银行自身将承担所有的不良资产处置风险，也容易导致借款人的道德风险和软预算约束的情况出现。一般对在不良贷款比例很小，而且银行自主消化不良贷款的能力很强的情况下，适合在银行现有结构内进行不良资产的管理和处置。银行自己持有并管理不良贷款包括银行内部清收、债务重组和资产合同管理等处置方式。

（一）银行内部清收

银行内部清收是指银行自己持有不良贷款，在银行内部管理和清收不良贷款。

要求条件：银行内部具有能够监督、管理、清收和清算资产的专业化团队。

应用范围：可应用于较多类型的不良资产；不良资产占比相对较小。

优点：①有利于提高银行对不良贷款的管理能力；②有利于维护有价值的客户关系；③银行损失可以延期体现；④无不良贷款转移定价问题。

缺点：①会导致银行资本长期滞结；②与银行主业运营存在冲突；③会延长不良贷款的持有时间；④专业化程度低，容易错失处置机会。

（二）债务重组

债务重组是银行和借款人达成一致，对借款人的债务进行重组，使得借款人未来的现金流能够支撑借款人还本付息，包括减少本金、调整贷款利率、债转股、注入额外资产、延长还款期限、调整其他贷款条款等。

要求条件：银行对借款人真实价值充分了解，对其未来现金流和财务状况有充分信心，并可实施有效监督。

应用范围：应用于有重组价值的借款人；不良资产占比相对较小。

优点：①有利于提高银行对不良贷款的管理能力；②有利于维护有价值的客户关系；③有利资产回收；④无不良贷款转移定价问题。

缺点：①处置成本相对较高；②与银行主业运营存在冲突；③会延长不良贷款的持有时间；④容易导致贷款软预算约束和借款人的道德风险。

（三）资产管理合同

资产管理合同是由银行与专业化的资产管理服务机构（银行内部部门）订立标准化的资产管理协议，协议规定由专业化资产管理服务机构（银行内部专业部门）管理和处置不良资产，但不良资产仍然保留在银行的资产负债表内。

要求条件：银行需要设计、确定合理的管理处置费用和激励费用，促使承包人维护和提升不良资产的回收价值，银行还需对服务机构处置过程进行监督和控制。

应用范围：可以实现小规模的批量处置；不良资产占比相对较小。

优点：①能够采用标准化的合约，实现连续处置，具有可重复性；②有利于降低不良资产管理和处置成本；③能够吸引较多的资产管理人；④无不良贷款转移定价问题。

缺点：①不良资产处置的委托代理成本较高；②不能充分发挥银行的信息优势；③处置手段仍然受分业经营的限制。

与资产管理合同类似，就是银行通过不良资产证券处对不良资产进行处置。关于这一方式，李勇（2006）有过比较详细的讨论，在此就不再做过多的介绍。这种方式在我国一方面缺乏法律的支持，难于实现不良资产处置风险的隔离，另一方面交易结构比较复杂，交易成本相对比较高。

三、银行附属资产管理公司

银行创建或与其他投资者合资设立附属的资产管理公司，都属于股权合资的交易方式。通过合资公司，银行能够吸引一个或多个投资者的资金，而投资者和银行共有某个特定不良资产池的所有权，对这些不良资产进行专业化的管理和处置。图 5-1 给出了这种处置方式的一般交易结构。银行以不良资产组合作为出资，资产组合通过出售的方式从银行的资产负债表中转移到合资管理公司，投资者或者资产管理人以现金入股，由资产管理公司对不良资产进行专业化的处置和管理，承担处置成本。

将不良资产转移至银行附属的资产管理公司来进行处置，好处是同样可以利用银行关于不良资产的信息优势；由于资产管理公司附属于银行，因此不良贷款能够相对迅速地转让，资产转移定价能够相对容易地解决；专业化

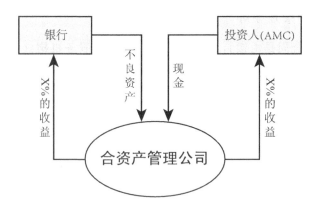

图 5-1　银行附属资产管理公司的交易结构

程度也相对较高，并且机构有很强的内在激励及时主动地处置不良资产；也有利于弱化借款人的道德风险；有利于银行客户的维护。但是，银行创建或合资设立专业的资产管理公司来处置不良资产，往往受到分业经营的限制，如果银行不良贷款没有达到一定规模，并且不能收购其他银行的不良资产的话，附属机构的经营规模会受到影响，导致经营成本上升。而且银行即使是向附属子公司转移不良资产，也需要立即确认贷款损失，这会给面临业绩考核的银行，特别是上市银行带来较大的压力。

要求条件：得到监管部门或相关法律的许可。

应用范围：较大规模的不良贷款处置。

优点：①可采用折扣和非折扣等灵活多样的方式从资产负债表内转移不良贷款；②有利资产管理的专业化，从而提升资产价值；③有利银行资产质量的尽快改善；④减轻银行对不良贷款的日常管理责任，使银行能够专注于主业；⑤也有利于弱化借款人的道德风险；⑥有利于较快获得投资者股权资本的注入。

缺点：①受分业经营的限制；②如果不良资产处置规模有限，将导致较高的经营成本；③银行保留了不良资产的部分风险；④关联交易，面临信息披露的压力。

四、出售给市场化的资产管理公司

如果二级贷款（债务）市场比较发达，银行可以在二级资产市场出售不良资产，出售方式可以是资产组合打包出售，也可以是出售单笔资产。将不良资产出售给市场化的资产管理公司，好处是能够批量出售，迅速处置，而且市场化资产管理公司不良资产处置的专业化程度高，手段多样，内在激励强，能够形成规模效应，如果法律规定银行只能定向地将不良资产出售给市场化的资产管理公司也有利于防范借款人的道德风险。但是，在我国，银行将不良资产出售给市场化的资产管理公司还受到法律限制，需要专项审批，而且出售给市场化的资产管理公司将无法发挥银行关于不良资产的信息优势，也不利于银行客户的维护，出售定价与风险的分摊也存在较大的困难，交易成本比较高，由于出售后要立即确认贷款损失，对上市银行而言往往存在较大的压力。

此外，在银行大宗打包出售不良资产时，我们说银行出售资产的目标和资产管理公司购买的目标是存在矛盾的，双方对交易的需求有时甚至是相互矛盾的，见表 5-2。因此即使监管机构允许银行向资产管理公司出售不良资产，资产的成功出售也要取决于交易双方能否就不同的交易需求达成平衡。

表 5-2　大宗资产出售中交易双方的需求

银行(不良资产出售方)的交易需求	资产管理公司(购买方)的交易需求
减少不良资产,降低不良资产率 最大化资产回收价值 转移不良资产处置风险 在不良资产处置中获得良好的市场反应 获得税收利益	交易的确定性,资产出售方披露真实的信息 借贷关系能够实现完全转移 对资产可实现完全的控制 资产处置、经营较高,能产较好的现金流 对资产类型有较高的关注

最后，关于银行不良资产的处置，就是政府干预通过设立集权化的政策性资产管理公司，将银行不良资产剥离出来进行处置。这一般是在银行面临较大危机、破产，或者不良贷款所占比例很高，银行问题比较大，无法依靠银行自身或市场化的资产管理公司来化解不良资产的情况下进行的。作为政策性的资产管理公司其不良资产处置手段是能够比较多样化的，专业化程度高，权威性很强，往往有特别立法的支持，集中化处置也能够实现不良资产处置的规模效应，但处置手段和方式也往往受政策目标的限制和政治干预，政策性资产管理公司的激励机制设计、银行贷款的转移定价都面临较大的问题，对于银行经营影响也比较大。

五、我国银行业未来处置不良贷款的可行选择

上述关于银行不良贷款处置的机构选择，本质上是关于不良贷款处置的分工和专业化的问题，其本身又涉及不良资产市场的发展和深化。基于分工和专业化的思想，银行将不良贷款出售给市场化的资产管理公司，能够取得分工和专业化的好处，但是却面临市场交易条件的约束。不良资产被剥离出来，在银行和资产管理公司之间进行交易时，存在交易费用。这种交易费用包括在法律框架下促使不良资产的交易实现、不良资产尽职调查、双方共同对资产的认定和定价、处置执行，以及双方就其价值达成一致和风险分摊机制设计等费用，也包括银行剥离不良资产所带来的信息披露对银行经营和股票市场的影响。因此，在此框架下，银行不良资产处置选择将最终取决于由资产管理公司专业化处置所带的收益与不良资产市场交易费用之间的权衡（trade-off）。

（一）银行将不良贷款转移、出售给专业化的资产管理公司处置是较
　　　优选择

综合比较上述处置机构设置的优劣，结合我国银行业面临的现实条件，银行将不良贷款转移给附属的资产管理公司，或者市场化的资产管理公司，由其进行专业化的处置将是比较可行的选择。

首先，巨额的不良资产存量、较大的不良贷款新增压力以及银行自身处置能力的限制，使得银行有必要将不良贷款转移或出售给专业的资产管理公司处置。正如本书第四章分析所表明的，一方面截止到 2007 年第一季度我国银行业还有 1.25 万亿元存量不良资产有待处置，不良贷款占比仍然高达 6.63%，另一方面在未来可预见的时期内，我国银行业仍然面临较大的不良贷款反弹压力，而近两年来商业银行的经营表明，商业银行依靠自身盈利来消化和处置不良贷款的能力是非常有限的，再加上商业银行自身处置不良资产受处置手段和政策法规等多方面的限制，如果允许一手发放贷款，一手打折处理贷款，不仅在机制上存在较大的道德风险，也不利于金融安全与稳定。因此，从成本效益原则和风险控制角度以及上述方案的比较来看，银行业的巨额不良贷款仍需要借助外部力量来解决。另外，国有企业与其他企业在改制与经营中也存在大量的不良资产，也需要借助专业机构来处置。

　　其次，能够发挥现有资产管理公司的专业化处置的优势，分工经济效益明显。我国四大金融资产管理公司自成立以来，一是在市场化处置不良资产方面进行了有益的尝试，资产处置的技术含量和市场化水平逐步提高。二是积极介入危机企业的拯救工作，采取多样化的方式实施重组，使一批企业走出困境。受央行、证监会及其他政府部门的委托，金融资产管理公司还积极参与了危机金融机构的托管清算，做了大量卓有成效的工作。三是在实践中锻炼和培养了不良资产处置和机构重组所需的人才，通过多年的处置实践，探索积累了具有中国特色的资产处置经验和技术。四是积累了丰富的业务资源和社会资源。金融资产管理公司目前管理着数万户企业、逾万亿元债权资产和股权资产，近年来还开拓了托管证券公司等新业务。这些构成了金融资产管理公司稳定的业务资源。在资产处置实践中，金融资产管理公司与国内外机构投资者、行业战略投资者、地方政府以及会计、资产评估、法律、拍卖、公证等社会中介服务机构广泛合作，也积累了丰富的社会资源。通过近七年来对不良资产进行专业化处置的实践，我国资产管理公司已成为了不良资产处置领域的"专家"，这就使得银行将不良资产转移或出售至银行系统以外进行处置，能够发挥较大的专业化优势，获取分工经济的好处。

　　再次，我国处置不良资产专业人才的劳动力市场的缺乏也使得银行将不良资产转移、出售给资产管理公司处置是较优的选择。理论上，银行选择自主持有并处置不良资产还是向资产管理公司转移出售不良资产，将取决于处置不良资产专业人才的劳动力市场交易效率和不良资产一级市场的交易效率的比较。如果劳动力市场交易效率高于不良资产的交易效率，那么在不考虑银行经营主业冲突的情况下，银行雇佣不良资产处置的专业人才来处置不良资产，将能更高的收益。但是，不良资产处置的专业人才市场在我国仍然几乎处于空白状态，银行要持有并处置不良资产只能依靠内部专业人才的逐步培养。相反，我国不良资产一级市场的交易效率却是在不断提高。我国银行不良资产的转移、出售，由最初的资产管理公司与母体银行一一对应的不良债权收购发展成为集中招标；由按原值收购发展成为通过竞争形成价格成交；由资产管理公司原设计只对母体银行实施收购，扩展到参与其他银行的收购工作；资产管理公司由银行不良债权收购又发展到有问题金融机构托管等。

不良资产处置专业人才市场的缺乏，以及不良资产一级市场交易效率的不断提高，使得银行将不良资产转移、出售给资产管理公司处置要好于银行自己持有并处置不良资产。

最后，银行将不良资产转移、出售给专业的资产管理公司进行处置还比较容易获得法律方面的优势。正如世界其他国家的历史经验所表明的，在对不良资产处置行为本身立法时，可以赋予资产管理公司比较特殊的立法地位，同时又能进一步明确银行的职能定位。这样将有利于突破银行处置不良资产手段上的法律限制，并通过确立明确的目标和建立相应的激励机制，充分利用法律赋予资产管理公司的特殊法律地位和运作手段，从而可以以最小的成本、最快的速度处置银行不良资产，并在此基础上实现不良资产回收的最大化。

（二）不宜再通过行政划拨方式帮助银行剥离不良资产

尽管银行将不良贷款转移、出售给专业化的资产管理公司进行处置是较优的选择，但是，从我国的经济运行的情况来看，政府没有必要再通过行政划拨的方式帮助银行将不良资产剥离至政策性资产管理公司进行处置。

首先，政府利用政策性资产管理公司来处置银行不良资产，一般是在银行面临较大危机、破产，或者不良贷款所占比例很高，银行问题比较大，无法依靠银行自身或市场化的资产管理公司来化解不良资产的情况下进行的。而我国银行业经过一系列的改革，尽管仍然面临巨额的不良资产存量和较大的不良贷款新增压力，但通过市场处置的方式是有能力化解银行不良资产的。采取划拨不良资产的方式容易导致银行的道德风险，也会助长债务人逃废债务，也不利于对银行经营形成约束。改革后的商业银行必须为其自主发放贷款所造成的损失负责，应切断继续采取国家救助的源泉，才能建立起商业银行经营的硬约束，否则无法达到改制的目的。

其次，国内不良资产市场经过这几年的发展，已经培育出了专门从事不良资产投资的机构投资者，它们具有了一定的购买实力和管理与处置经验。

第三，服务于不良资产管理和处置的中介机构日趋成熟，它们通过为四大资产管理公司提供中介服务积累了经验，培养了一批专门人才。因此，在我国资产管理公司市场化转型以后，应促使银行按市场化原则将不良贷款转移、出售给专业化的资产管理公司进行处置。

（三）可以促使大型银行与资产管理公司联合，建立银行附属的资产管
　　　理公司

即使银行将不良贷款转移、出售给专业化的资产管理公司进行处置，还面临两种选择：一是银行与现有的资产管理公司进行产权联合，建立附属的资产管理公司；二是银行直接面向市场化转型后的资产管理公司出售不良资产。不考虑银行设立附属的资产管理公司，或者向市场化的资产管理公司出售不良资产所面临的法律限制，从前述方案比较来看，鼓励大型银行与现有的资产管理公司进行产权联合，建立附属的资产管理公司是较优的选择。

如前所述，银行将不良资产转移给银行附属的资产管理公司也好，或出售给市场化的资产管理公司也罢，都可以：①实现不良资产从银行资产负债表中批量转移，迅速处置，有利银行资产质量的尽快改善；②获得不良资产处置的专业化经济的好处；③减轻银行对不良贷款的日常管理责任，使银行能够专注于主业；④可以使得银行和不良资产处置机构有很强的内在激励及时主动地处置不良资产；⑤也有利于弱化借款人的道德风险。

所不同的是，出售给市场化的资产管理公司将无法发挥银行关于不良资产的信息优势，也不利于银行客户的维护，出售定价与风险的分摊也存在较大的困难，交易成本比较高，由于出售后要立即确认贷款损失，对上市银行信息披露而言也往往存在较大的压力。相对比较而言，将不良资产转移至银行附属的资产管理公司来进行处置，却是能够比较充分利用银行关于不良资产的信息优势；由于资产管理公司附属于银行，因此不良贷款也能够相对迅速地转让，资产转移定价能够相对容易地解决；也有利于银行客户的维护。对于上市银行信息披露而言，由于资产管理公司附属于银行，银行可以采用折扣和非折扣等灵活多样的方式向附属资产管理公司转移不良贷款，从而实现银行市值的稳定。

但是，银行与资产管理公司进行产权联合，建立附属的资产管理公司来处置不良资产，如果银行不良贷款没有达到一定规模，并且不能收购其他银行的不良资产的话，附属机构的经营规模会受到影响，导致银行经营成本上升。此外，由于银行与资产管理公司形成了产权联合，在不良贷款一级市场中将难于形成资产管理公司之间的市场竞争，从而有可能阻碍不良贷款一级市场的发育。因此，这种机构设置方式比较适合于大型商业银行，并且应当

赋予大型商业银行附属资产管理公司进行市场化收购其他商业银行的不良资产的权利，以实现不良资产规模化处置效应，以及资产管理公司之间的竞争和不良贷款一级市场的发育。

只鼓励大型商业银行设立附属的资产管理公司，并向其他商业银行收购不良资产，或接受委托处置不良资产，一是有利于实现资产管理不良资产处置经营的规模化，降低其经营成本；二是对中小银行而言，如果自己设立资产管理公司，将难于取得规模效益；自主处置又面临借款人道德风险和自动处置能力的约束；而如其不良资产以市场化原则出售、委托给大型商业银行附属的资产管理公司，则可实现不良资产从银行资产负债表中批量转移，迅速处置，有利银行资产质量的尽快改善，同时获得不良资产处置的专业化经济的好处，减轻银行对不良贷款的日常管理责任，使银行能够专注于主业，也有利于防范自主处置所致的借款人的道德风险。当然，这一切都有待于中国不良贷款市场的发展。

（四）国外实例

事实上，银行通过下设资产管理公司来处置不良资产，在国外已经有了比较成功的做法。意大利联合信贷银行集团设立所属的意大利联合信贷资产管理公司就是这一机构设置方式的典型。意大利联合信贷银行是欧洲一流的银行，总股本位居全球第 14 位，员工超过 13.4 万人，贷款高达 4300 亿欧元。意大利联合信贷银行集团于 1999 年将其所属的 Mediovenezie 银行转变为专门管理不良资产的金融机构，即意大利联合信贷资管公司（UGC）。目前 UGC 在不良资产市场运作了六年，主要从事不良资产的委托代理处置，是意大利不良资产市场最具实力的资产管理公司，管理着 400 多个委托方的资产，目前其 50% 左右的委托处置资产都来自集团内部。

瑞典也曾成功运用这一模式来处置银行不良资产（周小川，1999）。二十世纪九十年代初，瑞典在处置银行不良资产过程中，瑞典政府认为设立一个庞大的资产管理公司虽然可能赢得规模效益，但同时也可能由于不良资产规模过大而妨碍不良资产处置的进行，因为如果由一个大的资产管理公司汇集不同银行的不良资产，就需要一段较长的时间对各个银行的不良资产进行充分了解和分类。而如果由每个银行设立各自的资产管理公司，由于对自身资产情况比较清楚，有利于加快处置速度，但是缺乏规模效益。因此，瑞典政府采取的办法是：对两家问题严重的银行（Nordbanken 和 Gota）先各自设立资产管理公司，然后在处理完部分不良资产后，将这两家资产管理公司合并成为一家资产管理公司。其他银行都通过下设专门的资产管理公司来处理不良资产。例如，SEB 成立了 Diligentia，SHB 成立了 Nackebro，Swedbank 成立了 Tornet。SBSA 为这种资产管理公司制定了专门的政策，例如法律上允许资产管理公司的资产负债表不与银行的报表合并，以彻底改善银行的资产质量；不良资产按照长期可实现价值进行转让；还允许银行将这些资产管理公司的股权直接分配给银行股东，从而使得资产管理公司可以更积极地管理资产，比如突破 1995 年瑞典银行法规定银行业不能从事房地产业的严格限制，使得资产管理公司可以从事房地产的开发和交易。

总体上，在我国鼓励大型银行与现有资产管理公司进行产权联合，通过下设资产管理公司来处置不良资产，并允许收购其他中小银行的不良资产，一方面可以迅速提高银行业的资产质量，使各银行可以集中精力发展银行业务，提高银行在国际市场上的资信，降低融资成本，另一方面可以使资产管理公司有独立的经营权，突破法律对银行处置不良资产的限制，更好地管理不良资产，实现不良资产的分工和专业化处置，强化借款人的信用纪律，实现处置的规模经济。而政府则能够以很低的成本或没有成本，就可以达到稳定银行业的目的。

第六章　金融资产管理公司在未来
不良资产市场的定位

　　第五章在第四章的基础上，讨论了我国银行业下一步处置不良资产的可行选择方案。鼓励大型国有商业与现有的资产管理公司进行产权联合，建立银行下设的或者说有银行作为战略投资者的资产管理公司，将有利我国银行业下一步的不良资产处置。除了机构设置以外，我国银行业未来不良资产的处置效率在很大程度上也将取决于银行不良资产处置行为本身的立法状况，以及中国未来不良贷款市场的发展。本章将围绕我国金融资产管理公司的现状及其面临的约束条件，探讨其在未来不良资产市场的定位。

　　本章第一节对我国不良贷款市场的发展做一个探讨；第二节将分析我国金融资产管理公司目前所面临的主要约束条件；第三节将在前两节讨论的基础上，讨论我国金融资产管理公司在不良资产市场的下一步定位。

第一节　中国未来不良贷款市场的发展

　　国内外不良资产处置的经验表明，发达的不良资产市场是商业银行不良资产处置的关键所在。无论是好银行/坏银行模式、资产流动模式、还是购并模式、债转股模式，其实质都是使不良资产流动起来，实现转让，从而收回资金，这就需要一个发达的不良资产市场。在这一市场上，不良资产经过评估，可以顺利地从银行手中，经过相应的中介机构，最后被投资者认购。发达的不良资产市场是一个与完善的证券市场相连，由银行、中介机构（如AMC、SPC、证券承销机构、资信评估机构、保险公司、担保公司和投资咨询机构等）和投资者（包括个人投资者和机构投资者）组成，实现不良资产流动的市场。

　　基于国内不良资产处置的实践，根据金融不良资产交易手段、交易规模和投资者的特点，可以将我国目前的不良贷款交易市场层次基本划分为一级市场和二级市场。一级市场是指银行将不良资产剥离、按市场化的方式出售和委托给资产管理公司的过程。在这一级市场中，银行是供给者，资产管理公司等中介机构是需求方，交易规模大，资产批量转移；二级市场是指资产管理公司等机构直接面向不良资产投资者出售和处置不良资产的过程，在二级市场中较多地依赖投资银行手段进行资产的交易。由于资产管理公司通常会采用打包等不良资产组合的方式出售不良资产，那些购买资产包的投资者又会进一步对资产包进行分拆出售和处置，从而衍生出不良资产的三级、四级市场。本节将主要讨论我国不良资产的一级和二级市场。目前，我国不良贷款一级市场还缺乏有效的法律政策支持，有待于进一步的开发和建设。相比较而言，经过近七年的发展，我国不良贷款二级市场要成熟和完善得多，而且也培育了一批潜在的不良资产市场投资者。而资产管理公司作为不良贷款一级市场的投资者，二级市场的供给者，在整个不良贷款市场的发展中扮演着极其关键的角色。

一、中国不良贷款一级市场：演变及未来选择

　　中国不良资产的一级市场开始于四家金融资产管理公司的成立。1999 年和 2000 年，中国成立华融、长城、东方、信达 4 家金融资产管理公司，集中管理和处置从国有商业银行收购的不良贷款。4 家资产管理公司从对应的 4 家国有商业银行承接了 13，939 亿元不良资产。2004 年 6 月，通过市场化方式剥离建设银行和中国银行 2787 亿元可疑类和损失类不良资产。2005 年 6 月，四家资产管理公司又收购和接收了中国工商银行 4587 亿元可疑类和 2460 亿元损失类不良资产。表 6-1 为近年来四家国有商业银行向资产管理公司剥离不良贷款情况，应当说，这些由银行向四大资产管理公司转移的不良资产就是近年来我国不良贷款一级市场的主要供应情况，总计高达 2.6 万亿元。此外，2005 年交通银行按账面价值 50％的价格向信达资产管理公司出售了 414 亿元可疑类贷款。

表 6-1　四家国有商业银行向四家 AMC 剥离和出售不良资产情况表

	银行名称	AMC	金额(亿元)
1999—2000	中国工商银行	华融资产管理公司	4077
	中国农业银行	长城资产管理公司	3458
	中国银行	东方资产管理公司	2674
	中国建设银行	信达资产管理公司	2730
	小　计		13939
2004	中国建设银行	信达资产管理公司	1289
	中国银行	（可疑类）	1498
	中国建设银行	信达资产管理公司(损失类)	569
	中国银行	东方资产管理公司(损失类)	1424
	小　计		4780
2005	中国工商银行	中国华融资产管理公司	225＋2460(损失类)
		中国信达资产管理公司	581
		中国长城资产管理公司	2569
		中国东方资产管理公司	1212
	小　计		7047
合　计			25766

资料来源：根据公开报道整理。

（一）中国不良贷款一级市场的演变

1999—2007 年间，中国不良贷款一级市场交易方式经历了从政策性到商业化的转变。在银行业存在系统性危机隐患，不良资产问题严重的情况下，1999 年我国先后成立了四家资产管理公司，主要以政策性的方式收购和处置国有独资商业银行的不良资产。不良资产在剥离方式、处置模式方面都是政策性的。不良资产以账面价值或高于其实际市场价值的方式从银行剥离，由政府承担处置不良资产的成本。而且资产管理公司面临二级市场处置不良资产的过程中，也有相当比例的政策性的债转股。一级市场政策性的不良资产处置模式使得不良资产处置不能充分进行市场化估值，不良资产市场价值发现不充分，也使得资产管理公司承担了额外债务，不利于科学考核资产管理公司的处置业绩。既降低了不良资产的处置效率，也增加了商业银行和金融资产管理公司的道德风险。这样，我国国有商业银行在不良资产二次剥离过程中就开始逐渐向市场化转变，由规范的招投标制度替代了过去的政策性剥离。在一级批发商 AMC 和二级市场的不良资产处置中完全采取的是商业化手段，明确了对批发商和二级处置 AMC 的激励办法，强化约束和有效激励。

除了交易方式以外，作为一级市场的主要参与者，四大金融资产管理公司也开始了从政策性的不良资产处置机构向商业化的金融机构转变。我国资产管理公司成立之初是"经国务院决定设立的收购国有银行不良贷款，管理和处置因收购国有银行不良贷款形成的资产的国有独资非银行金融机构"，并不是单纯意义上的《公司法》中的公司，而是负有特殊历史使命、具有浓厚政策性的金融机构。其经营目标是"最大限度保全资产、减少损失"，以尽可能小的损失处置银行不良资产，而不是以商业营利为目的。但是随着我国银行业不良资产处置方式向市场化方向的转变，AMC 资产来源的多元化，以及政策性资产处置接近尾声，为适应新形势下我国金融不良资产处置的需要，我国资产管理公司从 2005 年起都开始了探索向商业化方向的转型。开始由集中的不良资产处置机构转变为向银行等金融机构提供分散化的不良资产处置服务；由单一的资产处置转变为多元化的不良资产服务机构，不仅在银行不良资产处置中提供收购、评估和处置服务，还可以提供不良资产投资、资产证券化、机构托管清算、资产评估、财务及法律咨询等多种服务。

需要指出的是，尽管我国银行不良贷款一级市场的主要参与者仍然是四家金融资产管理公司，在最近几年中，政府、企业、金融机构、民营资本和外资也相继成立了一些资产管理公司，参与到不良贷款一级市场中来。比如根据 2002 年国务院办公厅下发的《处置海南积压房地产补充方案》的要求，海南省政府注资 1 亿元成立的海南联合资产管理公司就专门负责承接、管理和处置国有商业银行和资产管理公司协议移交的积压房地产，就横跨了不良贷款的一级和二级市场；再比如根据实国务院办公厅国办发〔1998〕78 号文件，1999 年 6 月，北京市政府、国家开发投资公司、中国中旅（集团）公司、中国石油天然气总公司等 40 家单位共同投资设立了华证资产管理公司，注册资本人民币 3 亿元，该公司承接了华夏证券股份有限公司剥离的非证券类资产 42.56 亿元，下属二十多家子公司，范围涵盖全国，参与了证券业不良资产的一级市场。

（二）进一步发展我国不良贷款一级市场的必要性以及可行选择

尽管我国不良资产一级市场在政府相关部门的推动下开始了市场化方向的探索，我国不良资产一级市场仍然是非常初步的，甚至连不良资产市场可以划分为一级、二级这种概念都有待于进一步的澄清和被接受。

目前，我国法律尚无允许国有商业银行转让资产的条文，此前剥离或按市场化原则转让至四大资产管理公司的不良资产都是在国务院发文单项审批的条件下进的，其依据属于行政条文。中国的银行业不能把贷款直接转卖给第三方，而且受"分业经营"的限制，中国银行业也几乎无法利用投资银行手段来处置其不良贷款，不能对不良贷款进行投资、转让和出售，这就直接制约了中国不良贷款一级市场的发展。

尽管中国的银行业不能把贷款直接转卖给第三方，转卖是违法行为，而且相关的法律法规也没有赋予各银行自主出售，或以低于面值清算处置不良贷款的权利，但是，在中国发展不良贷款一级市场仍然非常必要的。

首先，超出银行自主处置能力的不良贷款存量，使得银行必须借助不良贷款市场来处置其不良贷款。尽管各银行可以，也应当处置（清理）在常规水平内的不良贷款，但是如本书第四章所述，目前及可预见的未来一段时间内，中国银行业的不良贷款存量仍然是非常大的，已超越了银行自主的处置能力。如果银行自主处置这些超出"常规"数额水平的不良贷款，就不可能不偏离其核心银行业务。而且即使是银行自主处置，也需要不良贷款市场提供的价格基准，来对内部资产保全部门进行激励考核。

其次，不良贷款市场可以给债务人的风险定价，为各银行提供参照基准，也可以为市场化的资产管理公司提供有效的业绩衡量标准。不良贷款市场能给银行增强资产负债表上的流动性开创一条新的渠道；而不良贷款市场的缺乏将直接制约银行实施风险管理，使得银行有效处理无法跟踪或监督的资产，也会造成银行实际资产质量认定的延误，以致银行信贷损失准备金不足，从而增加银行体系的系统风险。

第三，不良贷款市场也可以对债务人产生约束力。在没有不良贷款市场的情况下，债务人目前不用担心其贷款被折价转卖给其他人，这些公司的管理层也不需要承担来自债权人的压力。而一旦存在不良贷款市场，由于债务人贷款的价值会被公布于世，不良贷款市场会直接给债务人造成压力。投资者可以到市场上去购买他们看中的公司的债务，然后再获得这些公司的控制权，解雇不胜任的管理人员。如果是抵押贷款，投资者还可以拿走他们的抵押物，然后出售。在这种情况下，不良贷款市场实质起着支持公司控制权市场的作用。

允许商业银行对外转让不良贷款，有利于银行不良贷款的处置，实施风险管理，也有利于给债务人进行风险定价，增加对债务人的约束，但是，对商业银行出售不良贷款的范围应当进行限制，应当只允许银行面向不良贷款一级市场上的特定主体出售和剥离不良贷款。首先，只允许银行面向不良贷款一级市场上的特定主体出售和剥离不良贷款，可以防范借款人的逆向选择行为。如果允许商业银行直接面向二级市场打折出售不良贷款的话，实践表明最有动力购买这类折扣贷款的往往就是债务人本身，使得债务人即使有还债能力也倾向于伪装成无还债能力，不按时还债，以便在不良贷款市场进行低价回购获利。这样，商业银行将不得不花费巨大的成本去区分哪些是借款人真正缺乏按时还款能力的，哪些是企图通过不良贷款市场低价回购获利的，从而加大了银行不良贷款认定和识别的成本。其次，在银行公司治理结构和内控机制有待进一步完善的情况下，允许商业银行直接面向二级市场打折出售不良贷款的话也容易引发银行工作人员本身的道德风险，强化地方政府等部门干预银行经营的倾向，也不利于金融安全与稳定。

因此，考虑到中国不良贷款一级市场发展和金融资产公司的现实状况，一个可行的选择是，今后国有独资及国有控股银行处置不良资产（包括不良贷款、抵债股权和实物资产），首先在四家金融资产公司范围内招标出售。也就是说，在不良贷款一级市场中，主要参与者是各家银行和四家资产管理公司，银行是不良贷款的供应者，而四家资产管理公司是一级批发商，从一级市场上购得不良贷款后直接面向二级市场和众多的投资者来处置不良贷款。这样将既有助于形成不良资产处置的一级市场，克服银行直接面对二级市场所带来的逆向选择和道德风险问题，也可有效发挥金融资产公司的已经形成的优势。当然，如第五章所述，如果大型商业银行与资产管理公司进行产权联合，资产管理公司很自然地将成为母体银行的一级批发商，对于其他银行的不良资产处置，则应规定其在资产管理公司内定向招标出售其不良贷款。

二、中国不良贷款二级市场

经过七年的发展，中国不良贷款二级市场日渐成熟。尽管由于规模、政策背景等方面的原因，四大资产管理公司始终居于市场的主导地位，但其他市场参与主体也得到了较快发展。表 6-2 给出了中国不良贷款二级市场主要买受方的类型及其购买不良资产的动机。资产管理公司刚开始处置不良贷款时手段比较简单，即直接向债务人和担保人催收，使债务人和担保人事实上成为数量最大的不良资产买受方，且至今仍然是重要的交易主体，但其参与交易的态度由过去逃避、勉强、抵触式的被动买受，开始逐步转变为正视现实、寻求解决历史问题的主动买受。地方政府也从对资产管理公司刚开始的不知、不解到了解、理解，再到主动坐到谈判桌前，为了促进地方产业整合、企业重组，大量参与不良资产的交易活动。中国农村信用社改革、城市商业银行下一步的改革，地方政府将在不良资产二级市场，甚至一级市场都将发挥重要的作用。东三省整体接收工行数百亿元不良贷款、"重庆模式""威海模式"的创立都是地方政府参与不良资产市场的表现形式。普华永道会计师事务所曾分别以 2004 年、2006 年对投资中国不良资产的外国投资者投资战略、期望和偏好进行调查，仅参与调查的 18 家外国投资者就已收购 40 多个不良资产包，这些投资者对中国不良贷款市场表现出浓厚的兴趣，都已经成立或正在筹建有规模的专职团队探索中国的不良资产市场。

表 6-2　不良贷款二级市场的主要买受方及其动机

序号	买受人类型	购买不良资产动机
1	债务人（及担保人）	减轻企业债务包袱或了断债权债务关系，并通过打折回购获利。
2	同一债务人的其他债权人	整合资源，获得整体收益，增强谈判地位。
3	债务人的债务人	避免被追索的风险，获取重组收益。
4	行业和企业战略投资者	穿透行业进入壁垒，扩大市场份额，整合行业上下游资源。
5	地方政府	维护地方社会稳定，减轻就业压力，保护本地经济，以隐蔽的再分配方式从中央政府获取利益。
6	实物、股权资产买受方	成为资产所有人。
7	投资银行等各种中间商	二级市场的零售商，通过自己的市场挖掘能力获取买卖差价。
8	境外投资者	投资获利，要求内部投资收益率在 21%～30%。
9	资产管理公司本身	商业化资源的储备与整合。
10	其他买受方	目的比较复杂和隐蔽，包括资本运作、税务安排、扩大影响等，甚至仅仅出于管理层的某种特殊心理。

资料来源：根据陈滨和李晨（2004）文章内容整理。

在中国不良贷款二级市场上，各类经济主体的市场分工也日益明晰，批发商——零售商的市场格局已逐渐形成。在市场发展的初期，除将很少的资产进行打包转让外，四家资产管理接收的万亿元的不良资产大多自己进行最终处置，这在一定程度上提高了其经营成本。随着不良资产二级市场的发展，这一局面正在发生改变。特别是随着外资机构、地方政府参与到不良资产处置的二级市场来以后，这些买受人很少介入资产的直接处置，而是将收购的不良资产进行整合后，转让于其他买受人进行最终处置。表 6-3 给出了中国近年来涉及外国投资者的部分不良资产处置项目，这些项目基本都是以打包处置的方式交由外国投资机构再处置的。以"批发商—零售商"为基础的市场分工结构将有助于不良资产交易活动的有序进行。市场的细分将使更多的经济机构能够按照自身的规模、技术优势参与不同层次的资产交易活动，从而保证交易活动的稳定、有序进行，提高资产交易的效率。

表 6-3　中国近年来涉及外国投资者的部分不良资产处置项目

卖　家	投资者/策划人	交易形式	规模（未偿还本金）（百万人民币）
中行开曼群岛分行	花期集团	公开拍卖	14886
建　行	摩根士丹利	公开拍卖	2564
	德意志银行	公开拍卖	1679
信　达	Chenery Assoclates	协定竞拍	1199
东　方	Chenery Assoclates	协定竞拍	1737
	Chenery Assoclates	协定竞拍	1795
长　城	花期集团	协定竞拍	2001
华　融	高　盛	公开拍卖——次拍卖	1985
	摩根士丹利	公开拍卖——次拍卖	10784
	GE Commerclal Flnance	暗标拍卖—武汉	1778
	摩根士丹利	公开拍卖—二次拍卖	1034
	花期集团	公开拍卖—二次拍卖	1083
	雷曼兄弟	公开拍卖—华融二次拍卖	1985
	JP摩根	公开拍卖—二次拍卖	1819
	瑞士银行	公开拍卖—二次拍卖	1530
	高　盛	公开拍卖—二次拍卖	1894

　　资料来源：普华永道会计师事务所：《2004 年中国不良资产投资者调查》，载《证券市场周刊》，2005 年第一期。

经过多年运行，中国不良资产二级市场运行机制也日趋完善，交易活动不断规范。众所周知，我国不良资产二级市场的形成基本上不是自发的，而在政府为解决国有商业银行的不良资产问题这一背景发展起来的，这就使得不良资产市场的发展将不可避免地受到政府行为的影响。同时，由于国有不良资产又是主要的交易客体，在不良资产进入市场这一环节不可避免地受到国有资产管理相关规定的制约，尤其是在定价方面尤为突出。随着市场的不断发育，非国有不良资产的整个交易过程以及国有不良资产的二次交易已经逐步市场化，交易对象、交易方式的选择以及价格的确定较少受到政府的直接干预，不良资产的定价也不断完善，政府不断弱化，不良贷款的二级市场正趋向于一个真正意义上的资产交易市场。

此外，我国资产管理公司的运行与发展，也推动了一批不良资产处置市场中介机构的发展，从而为不良贷款二级市场的发展提供了很好的支撑。不良资产交易和价值转换，需要相关的资本市场、产权市场、招投标和拍卖市场的发展与之相适应，促进不良资产投资市场形成有效的资金供需关系。不良资产处置，需要信托、租赁、评估、评级、会计、审计、咨询等行业的成熟与发展，规范投资人和中介机构等市场参与主体的行为，使不良资产的出售、转让、重组、置换的专业化运作充分依托市场机制，促进不良资产价值的实现。在近七年的资产处置过程中，资产管理公司对市场中介机构发展起到了很大的支持作用。首先，支付诉讼环节的费用，支持律师事务所的发展。资产管理公司回收资产最常用的手段是法律诉讼，需要支付的诉讼费用包括起诉费、财产保全费、申请执行费、公证费等。其次，支付土地、房产、车辆、资产等产权费用，支持产权交易市场的发展。资产公司回收资产中有一部分是债务人抵押的土地，包括转让用地和国有划拨土地，对于国有划拨土地，资产管理公司收回后办理过户手续时，缴纳各种税费，还要按照土地出让金缴纳至少40%的土地出让金。资产管理公司接收抵押债务的房产，办理过户时也缴纳三项费用，支付3%的契税，国家税务总局规定资产公司免征；办理过户缴纳交易手续服务费，按成交价的2.1收取，买卖双方各承担50%；办理过户要交纳登记费，按房屋价值的4‰收取，买卖双方各承担50%。在交易费用较高的市场环境中，虽然处置费用不能支撑不良资产相关市场和市场中介机构的长期发展，但是对各种不良资产处置市场中介机构起到了推进和支持的作用，提高了这些中介机构的专业化水平，反过来又将会促进市场的专业化和标准化程度，提高市场透明度，改善市场秩序。

当然，正如前文所指出的，我国还没有针对不良贷款处置行为本身的系统立法，这也使得不良贷款二级市场在发展过程中不得不面临诸多法规障碍，缺乏相关法规的支持。尽管《金融资产管理公司条例》（简称"条例"）、《关于审理涉及金融资产管理公司收购、管理、处置国有银行不良贷款形成的资产的案件适用法律若干问题的规定》（法释 2001 年 12 号，简称"司法解释"）、《关于金融资产管理公司收购、处置银行不良贷款有关问题的补充通知》（法 2005 年 62 号，简称"补充通知"）、《金融资产管理公司吸收外资参与资产重组与处置的暂行规定》等相关法规就金融资产管理公司受让和处置不良资产中的许多问题特别做出了例外规定。然而，这些特别规定有时并不全面，当资产管理公司向第三方转让、进行资产处置时，特别规定不见得都能适用（郭雳，2007）。比如"司法解释"曾规定：金融资产管理公司受让国有银行享有抵押的债权，原抵押登记仍然有效。但是第三方自资产管理公司受让有抵押权的债权，能否适用司法解释则长期存在争议，直到 2005 年"补充通知"出台才得以明确。再比如"条例"规定，金融资产管理公司收购、承接和处置不良资产享受税收减免优惠，但需要为无偿付能力的债务人垫付税费以办理资产管理过户的情况相当普遍。更为重要的是，第三方收购、承接和处置资产管理公司的资产不享受类似优惠，从而影响到的资产的处置。总之，不良贷款二级市场中，债权转让、担保权的确认与流转、股权调整、实物资产处置、处置程序、司法诉讼、调查执行以及处置主体的自律和监管都有待于法律法规的进一步完善。

最后，需要指出的是，由于各地区银行业不良贷款率、金融发展程度存在较大差异，使得中国的不良贷款市场也存在较大的地区差异，对此本章第三节将展开进一步的说明。

第二节　资产管理公司的激励约束机制及其改革

本章第一节讨论了我国不良贷款市场的发展状况。如果把我国不良贷款市场划分为一级和二级市场两个层次，那么我国不良贷款的一级市场仍然有必要、也有待于进一步开发，一个可行的选择是促进大型商业银行与现有的四家资产管理公司进行产权联合，今后国有独资及国有控股银行处置不良资产时首先在四家金融资产公司范围内定向招标出售。我国不良贷款二级市场已日趋成熟，但仍需系统立法的支持，这再一次将立法方向指向了不良贷款处置行为本身。从不良贷款一级和二级市场的讨论中可以看到，金融资产管理公司扮演着联结这两个层级市场的作用。在一级市场中，资产管理公司是需求方，在二级市场中是不良贷款的批发商和供应者。通过金融资产管理公司将一级和二级市场隔离开来，既有利于防范银行不良贷款处置过程中的道德风险和银行所面临的借款人的逆向选择问题，又有利于不良贷款市场价值的挖掘和资产处置的专业化，为不良贷款进行市场定价。因此，中国今后不良贷款市场的发展，在很大程度上将取决于金融资产管理公司的改革和发展，而资产管理公司的发展又是由它所面临的激励约束机制所决定的。鉴于此，本节将就我国金融资产管理公司所面临的激励约束机制及改革的方向做一个探讨。

一、我国资产管理公司的激励约束机制现状

所谓激励与约束机制是指在委托代理关系中界定委托人、代理人的权利和义务，奖励和惩罚的一种制度安排。我国四家金融资产管理公司都是由国家出资，具有独立法人资格的国有独资金融机构，政府和公司之间形成委托代理关系。随着四家资产管理公司政策性任务的完成的①，基于原委托代理关系而设立的奖、惩机制已失去了其所赖于存在的基础，急待改革。而即使是在原委托代理关系中也存在诸多有待改进的地方。

首先，委托人主体虚置，政出多门。财政部代表政府作为出资人行使所有者权利，但财政部是虚置的产权主体，其所有者权利被多个部门分割。公司经营收益（即资产处置的最终损失）的最终承担者是财政部，但公司主要管理人员的任免权却在国务院，而人民银行、银监会等监督部门都能对资产管理公司经营施加直接的影响，同时这些部门都不需要为其所施加影响造成的不良后果负责。政出多门的一个直接后果就是，使得资产管理公司在资产处置过程中不得不面临多元而又彼此冲突的目标。比如虽然《条例》规定

---

① 截至 2006 年年底，我国四家资产管理公司累计处置政策性不良资产 12102.82 亿元，累计回收现金 2110 亿元。比国家核定目标超收 286 亿元。

"金融资产管理公司以最大限度保全资产，减少损失为主要经营目标"。但《条例》也同时给予了资产管理公司"准公共性"任务，限定"实施债转股的企业，由国家经济贸易委员会向金融资产管理公司推荐"。在实际资产处置中，资产管理公司经常不得不面临最大限度地提高资产回收比率与维护债务企业的职工就业、当地社会稳定之间的权衡。资产管理公司还要执行国家的政策性破产计划等。

由于目标多元，政出多门，资产处置过程中深受政策性因素的影响，再加上资产管理公司的资产也是直接来源于政策性的剥离，这就使得四家资产管理公司之间失去了经营业绩比较的基础。假如某资产管理公司的资产回收率比较低，就委托人（政府）而言，就无法断定是由于资产质量原因、政策性因素还是公司管理层的工作努力程度不够。这样就带来了另一个后果，使得资产管理公司失去了市场约束机制，不能发挥市场的监督作用。

其次，单一的激励手段和行政性的约束机制难于满足资产公司持续发展的需要。政府对资产管理公司采取了先是按照回收现金总额的一定比例提取奖励基金（回收现金总额的 $1\%\sim1.2\%$），自 2004 年开始实行了"两率承包"，即包死基数（包死处置费用率和资产回收率），超额分成的激励办法。就前一种激励措施而言，它导致管理层对资产处置上采取"先易后难"和"割青"等短期行为，忽视对具有长期增值潜力资产的价值培养和提升，导致资产管理公司重处置（现金回收）、轻管理，对资产管理公司的权益性资产重视不够（比如，对债转股企业的股东权益）。就后一种"两率承包"而言，其出发点仍然是为处置资产而处置资产，不利于资产管理公司作为金融机构的长期发展。显然，随着资产管理公司政策性任务的完成，这一激励机制已失去了存在的意义。

与一般企业通过市场机制进行约束不同，政府对资产管理公司的约束机制基本上是行政性的。即政府通过制定行政规定保证资产管理公司的行为符合政府的利益要求，资产管理公司的管理层直接由国务院任免，主要通过传统的行政命令来约束资产管理公司管理。作为委托人的政府也通过外部监事的监督和国家审计机关的审计对所发现的问题进行处罚。这种安排有其现实的合理性。但是，这种约束机制是外部的，是"强制性"的，无法从根本上解决公司的控制机制。随着资产管理公司的逐渐市场化和商业化转型，既有的激励与约束机制已经不能适应公司进一步发展的需要。

最后，由于公司外部激励约束机制的行政化、单一化，以及市场激励约束的缺乏，使得资产管理公司内部也难于建立起科学有效的业绩评价与激励约束机制。众所周知，我国资产管理公司成立之初，采取的是不经市场评估，按账面价值收购剥离国有银行不良资产的方式。这种快速剥离的收购方式，给后来财政部对资产管理公司的处置回收考核留下了根本性的障碍，也使得资产管理公司内部无法确定资产的回收基准，难以建立有效的激励约束考核机制，无法制定项目处置业绩与员工收入挂钩的绩效考核办法，使得资产管理公司内部的收入分配制度和内部管理出现机关化、行政化倾向，总体上缺乏成本、效益观念，不能形成注重投入产出的利润导向型经营。在人员素质、结构方面，尽管经过近八年的不良资产处置实践锻炼，在不良资产管理和处置领域员工的业务经验和能力有了较大提高，但是，由于人员总量控制较紧，新补充人员不足，年龄出现老化的趋向。

二、资产管理公司激励与约束机制的改革：一个基本思路

如前文所述，从整个经济和银行业经营的状况趋势来看，我国仍有必要发展不良贷款市场，而金融资产管理公司对于不良贷款市场健康有序的发展起着不可或缺的作用。显然，目前在不良贷款政策性剥离条件下形成的资产管理公司的激励与约束机制与不良贷款市场发展对资产管理公司功能定位的要求是不匹配的，必须按照市场化不良资产管理企业的内在要求，逐步改进其激励和约束机制。

首先，进行产权改革，完善公司治理结构。要完善资产管理公司运行机制，就必须建立规范的法人治理结构，这是资产管理公司完成向商业化方向发展中必须解决的首要问题。目前，资产管理既不是有限责任公司，也不是股份有限公司。承担着大量的政策性职能，却又不是事业法人，也不是行政机关。我国资产管理公司的这种国有独资的产权结构和缺乏董事会的治理结构，既不利于资产管理公司的市场化运作，也不能保障资产管理公司可持续发展的需要。因此，资产管理公司只有按照《公司法》的要求进行规范的公司制改革与改造，引进战略投资者，建立现代金融企业制度，规范公司产权结构和法人治理结构，形成有效的权力机构、决策机构、监督机构和经营者

之间的制衡机构，使资产管理公司成为一个真正的市场主体，按商业化原则经营管理，以利润为最大化为经营目标，参与市场竞争，才能谈得上资产管理公司向商业化转型和市场化发展问题。这就要求剥离资产管理公司目前的政策性业务的负债、剩余资产和处置损失，对未处置的剩余资产，包括剩余债权资产、实物资产和股权资产等，由政府按商业化原则，或由资产公司买断，或委托资产公司继续管理和处置。

本书第五章曾指出，鼓励大型商业银行与现有的资产管理公司进行产权联合，形成战略联盟或建立银行附属的资产管理公司，同时这该资产管理公司面向中小银行按市场化原则收购不良贷款，将有利于我国银行业不良贷款的处置和不良贷款一级市场的形成，也有利于发挥资产管理公司专业优势。因此，在对四家资产管理公司进行产权改革时，应注意引入国有或国家控股的商业银行，比如各家资产管理公司所对应的母体银行，作为战略投资者。

其次，基于资产管理公司经营对象的特殊性，进一步完善银行业不良资产剥离、处置制度，赋予资产管理公司必要的权限。资产管理公司管理、处置不良资产，应该具有以下权限：接受（购买）不良资产权；资产价格的确定权；对控股企业充分的控制权和处置权；资产管理公司对其内部处置方法和处置程序有最终决定权，开展为资产处置相关联的其他业务活动等。允许资产管理公司开展信用评级、征信服务和风险管理等业务，使其能够为提高商业银行贷款质量和改善社会信用环境提供配套金融服务。在风险可控的前提下，允许资产公司从事金融租赁、财务顾问、资产证券化、风险投资等新兴金融业务。此外，如本书第四章所指出的，中国银行业未来不良贷款将仍然会和地方政府的干预密切相关，因此，由于不良贷款本身所具有的特殊性，有必要在对不良资产处置行为本身立法的过程中给予资产管理公司特别立法的支持，使其能够抵制来自地方政府等相关部门的干扰，切断政府的行政关系，真正以利润最大化为其经营目标。

再次，强化资产管理公司的市场约束。如前文所述，采用行政划拨方式处置我国银行业不良资产的方式在今后应被放弃，也就是说今后不良资产处置基本上都将按市场化原则进行，不良资产交易将由各资产管理公司（购入方）和各金融企业自主谈判决定，资产管理公司和资产出售方将是市场的交易者。不良资产的市场化交易，将按照合理、严密、公正的定价模式对不良资产进行估价，使得转让方承担资产贬值的损失，购入方承担未来资产经营的风险和有权获得资产经营的合法收益。因此，构建公平的市场环境，通过市场竞争最后决出不良资产市场的优胜者，将是改进资产管理公司外部激励和约束机制的重要方面。竞争充分、运行良好的不良资产交易市场，可以提供全面反映企业经营绩效充分信息指标，为资产管理公司之间提供业绩比较的标准，从而强化资产管理公司的市场约束；也可以为不良贷款提供准确的市场定价，使商业银行能够有效地进行风险管理。

最后，改进资产管理公司内部激励与约束机制。随着资产管理公司外部激励约束机制的改进和完善，资产管理公司也将有条件和可能按照岗位和职责建立起科学的薪酬体系和合理的员工流动体制。通过以市场约束为重点，以利益机制为导向，以信息管理系统为手段增强员工的自我约束意识，防范道德风险。

第三节　资产管理公司在不良贷款市场的定位：总结性建议

前文分别讨论了中国银行业不良贷款形成的原因、不良贷款的未来发展趋向、下一步处置不良贷款的可选模式、中国不良贷款市场的发展以及中国资产管理公司所面临的约束激励机制等，本节将在这些讨论的基础上，就资产管理公司在不良贷款市场的定位提出一些探讨性的建议。由于金融资产管理公司的改革涉及从产权结构、组织形式到业务范围等方方面面，系统讨论金融资产管理公司的改革将超出本书的范围，本节将仅就资产管理公司在中国未来不良贷款市场中的定位做一个初步的探讨，就业务选择、区域选择、行业关注等与不良贷款相关的问题给出一些总结性的建议。

一、资产管理公司仍然可以把不良资产处置业务作为主营业务之一

资产公司商业化转型后能否继续以不良资产处置为主业，目前人们的看法并不一致。有人认为今后只要银行经营，就会产生不良资产，就会有不良资产处置的市场需要。而有人则认为，如果没有国家特殊政策安排，银行不良资产难以大规模剥离并交给资产公司处置，不良资产处置不足以成为支撑资产公司

长期持续发展的主营业务。本书第四章、第五章的分析表明，资产管理公司仍然可以把不良资产处置业务作为主营业务之一，但同时应开拓证券、租赁、信托与不良资产处置密切相关同时又与之形成互补的投资银行类业务。在经济周期的上升期可以则重发展投资银行类业务，而在经济周期的下行期，银行风险显现，不良贷款增加，资产管理公司则可以重点从事不良资产处置业务。

首先，第四章的分析表明，中国银行业在未来几年内将仍然面临较大的不良贷款反弹压力。由于我国银行主导型的融资结构在近期内难于发生根本性的变化，使得经济波动的风险仍然将集中在银行体系当中；尽管已完成了股份制改造上市，目前工行、建行和中行关注类贷款比例仍然相对较高，而且近年来贷款规模扩张较快，过去几年银行实际自我消化不良贷款的量并不大，国有商业银行基本行为模式转变仍然有待时日；而我国财税体制改革并没有根本性地改变地方政府通过干预银行经营来发展本地经济的发展模式。这些因素综合起来意味着在可预见的时间里，我国银行业将仍然会有不少新增的不良贷款有待处置，这就决定了需要有着丰富不良贷款处置经验的资产管理公司继续发挥作用。

其次，从我国目前银行业不良资产的存量来看资产管理公司也仍然有发挥作用的巨大空间。截止到 2007 年第一季度我国银行业还有 1.25 万亿元，占全部贷款 6.63％的不良贷款有待处置。根据本书第五章的分析，巨额的不良资产存量、较大的不良贷款新增压力以及银行自身处置消化能力的限制，这些不良贷款存量转移或出售给专业的资产管理公司处置将是银行业的较优选择。除了正在改革进行中的中国农业银行需要再次剥离近 7000 亿元的不良贷款交由专业的资产管理公司处置以外，光大银行等一些股份制银行，以及金融系统内城市信用社、城市商业银行、农村信用社等仍有大量不良资产需要交由银行以外的专门机构进行处置。与此同时，包括国有企业在内的企业不良资产的化解和盘活，都需要资产公司这样的专业化机构参与处置。这为资产公司选择不良资产处置作为主营业务之一提供了良好的市场供应基础。此外，国有商业银行改制过程中二次剥离的 1.2 万亿元不良资产，以及政策性任务完成后还有一部剩余资产，资产管理公司也还需要 3～5 年左右时间才能逐步完成处置。

最后，把不良资产处置业务作为主营业务之一也是发挥现有资产管理公司专业优势的必然选择。本书第五章曾指出，将不良资产从银行转移至资产管理公司处置，能够取得明显的专业经济效应。经过近年八年的积累，我国四大金融资产管理公司资产处置的技术含量不断提高，在实践中也锻炼和培养了一批不良资产处置和机构重组所需的人才，积累了丰富的业务资源和社会资源，已成为了不良资产处置领域的"专家"。从社会分工和发挥资产管理公司优势来看，把不良资产处置业务作为主营业务之一也是自然的选择。

当然，值得指出的是，尽管不良资产处置可以成为资产管理公司的主营业务之一，但是银行不良资产的产生是非持续性的，是间歇性的，使得资产管理公司还必须开拓与不良资产处置密切相关同时又与之形成互补的投资银行类业务，以保证业务的持续性和收益的稳定性。在宏观经济上升周期，银行风险往往被掩盖在市场的繁荣当中，自身处置和消化不良资产的能力增强，也就使得对资产管理不良资产处置服务的需求下降。而一旦宏观经济步入下行周期，银行风险显现，同时赢利能力下降，一方面，将出现大量有待处置的不良资产；另一方面，自身处置和消化不良资产的能力也减弱，在这期间，对资产管理不良资产处置服务的需求将大量增加。正是基于银行不良资产处置服务需求的这种非连续性和间断性，使得资产管理公司在选择把不良资产处置作为主营业务之一的同时，必须开拓展证券、信托、租赁等其他金融服务市场。这样资产管理公司可以在经济上升期重点发展投资银行类业务，而在经济下行期则重点从事不良资产处置业务，从而保证公司业务的稳定性、独特性，使得公司取得良好、稳定和持续的赢利。

二、区域定位

区域差异是中国不良贷款市场的一个突出特征。正如本书第二章和第三章的分析所表明的，中国财政分权使得不同地区地方政府的激励和约束机制存在显著差异，地方政府行为各异，这使得各地区银行业不良贷款的地区分布、各地区金融发展程度以及金融生态环境存在明显的地域差异。因此，金融资产管理公司有必要根据不良贷款的地区分布特征和金融生态环境的区域差异，选择适当的区域定位。

表 6-4 给出了中国各地区不良贷款及融资情况。根据各省不良贷款存量、银行业盈利以及融资总量的情况，大体上可以把中国各省分成三大类：第一类是银行业不良贷款存量仍然较大，而且整个银行业的盈利状况也比较差的省

份,以东北三省为代表;第二类省份是虽然银行业不良贷款存量不大,但是无论是从银行业资产总量,还是融资总量来看,金融深化程度都落后于其他省份,以河南、内蒙古为代表;最后一类是金融发展水平比较高,地方金融生态环境也比较好,银行不良贷款率也相对较低的省份,如浙江、上海等地区。针对这三大类地区不同的特点,资产管理公司可以选择不同的业务重点。

表6-4 各省不良贷款及融资情况与资产管理公司区域定位

资产管理公司定位	地区	2006年不良贷款余额(亿元)	比年初	2006年不良贷款率(%)	比年初(%)	2006年不良贷款余额/银行业总盈利	2006年银行业资产总额/GDP	2006年融资总量/GDP
定位于收购处置不良贷款的地区	广东	1772.86	−420.64	8.43	−3.04	3.86	1.92	0.13
	河南	829.91	31.83	15.99	−1.1	10.86	1.12	0.10
	辽宁	827.45	−44.06	11.9	−2.32	12.97	1.82	0.13
	山东	753.75	3.98	6.52	−1.15	3.18	1.07	0.13
	黑龙江	579.66	11.89	23.38	−1.36	—	1.33	0.05
	河北	566.04	−29.85	11.54	−2.43	6.83	1.22	0.09
	江苏	562.49	−83.71	3.43	−1.31	—	1.33	0.16
	四川	538.96	23.43	9.84	−1.15	5.16	1.51	0.14
	吉林	346.71	−13.14	17.45	−2.74	165.10	1.50	0.13
	湖北	447.69	−58.69	9.88	−2.8	6.62	1.61	0.13
	湖南	434.92	−19.53	12.6	−2.51	—	1.20	0.11
定位信用增级、拓展融资渠道	安徽	356.79	98.2	9.79	−1.85	4.68	1.37	0.16
	陕西	355.22	11.68	11.5	−1	7.31	1.86	0.13
	江西	274.15	10.89	11.66	−1.29	7.72	1.28	0.10
	新疆	248.04	−23.4	15.52	−2.11	9.80	1.58	0.05
	广西	211.35	−9.99	8.12	−1.74	4.06	1.18	0.12
	内蒙古	184.01	−20.75	8.28	−3.25	3.39	1.07	0.14
	甘肃	165.1	−10.2	11.84	−1.57	275.17	1.73	0.11
	青海	76.11	0.85	16.96	−1.46	—	1.81	0.09
	宁夏	55.6	−2.18	9.05	−1.88	3.25	1.94	0.22
	西藏	28.26	−0.09	14.32	−2.04	—	1.81	0.09
	贵州	150.93	−3.9	7.92	−1.22	3.56	1.67	0.18

续　表

资产管理 公司定位	地区	2006 年不 良贷款余 额(亿元)	比年初	2006 年不 良贷款率 （%）	比年初 （%）	2006 年不 良贷款余 额/银行 业总盈利	2006 年 银行业资 产总额 /GDP	2006 年 融资总 量/GDP
定位于不良 资产委托代 理及投资银 行类业务	北京	490.75	−48.49	3.6	−0.83	—	5.75	0.53
	上海	432.81	−41.65	2.56	−0.58	1.07	3.51	0.23
	浙江	236.48	−42.61	1.41	−0.64	0.47	1.81	0.25
	天津	227.83	13.62	5.32	−0.59	2.60	1.87	0.20
	重庆	188.22	−35.00	6	−2.32	4.62	1.74	0.19
	福建	229.34	−29.98	3.97	−1.7	1.77	1.62	0.19
	云南	235.4	−18.21	6.69	−2.02	3.57	1.87	0.22
	山西	267.92	−23.44	8.5	−1.91	—	2.05	0.20
	海南	144.04	−8.07	21.1	−3.37	12.69	1.74	0.20

资料来源：《中国银行业监督管理委员会 2006 年年报》，《中国货币政策执行报告》增刊《2006 年中国区域金融运行报告》、银监会、中国人民银行网站。

对于第一类地区资产管理公司仍然可以定位为以提供收购、处置银行业不良贷款的服务为主。在这一类地区银行业不良贷款存量仍然较大，而银行业盈利能力又不强，显然在可预见的时间内银行业仍然有将不良贷款剥离转移银行系统以外，交由专业化的资产管理公司处置的需要。从上表 6-4 中可知，2006 年广东省不良贷款存量仍高达 1776 亿元，江苏省为 562 亿元，山东为 754 亿元，虽然这三省银行业的盈利能力相对较强，但是如果由银行业自主消化处置这些巨额的不良贷款存量，一方面将直接影响银行主业的运营，另一方面也缺乏专业优势，因此对于资产管理公司不良贷款处置的业务服务将存在较大的市场需求。四川省，2006 年不良贷款为 539 亿元，相对 2005 年不良贷款的绝对额不降反升，还有辽宁不良贷款存量为 827 亿元、湖北 448 亿、湖南 434 亿和河北 566 亿，这些地区一是不良贷款存量大，二是银行盈利差，自主消化不良贷款的能力弱，使得这些地区将不得不选择将不良贷款剥离转移至银行业系统以外进行处置。而对于诸如黑龙江一类的省份，除了不良贷款存量大以外，银行业本身也处于亏损状态，更是对资产管理公司不良资产处置业务有着巨大的需求。因此，资产管理公在这些地区选择提供不良贷款处置服务，将能有效迎合市场需求，发挥自身专业优势。

在第二类地区资产管理公司可以提供信用增级、为当地经济主体开发各种融资渠道等金融服务。内蒙古、新疆、甘肃、贵州等地区一方面经济总量比较小，另一方面由于地区经济结构和金融生态环境也比较差，金融深化程度比较低，企业融资仍然面临较大的约束。尽管这些地区从不良贷款的绝对额来看并不大，但不良贷款率高，银行业和当地经济主体都有着迅速改善当地金融生态环境的需求。因此，在这些地区金融资产管理公司可以充分利用过年不良资产处置过程中所积累的技术经验和社会资源，以及资产管理公司在立法上的特殊地位，开展担保、信托、租赁等信用增级和扩大当地融资渠道的金融服务，一方面可和当地银行业形成业务上的有效互补，减轻其降低不良贷款余额和不良贷款率的压力，另一方面可以缓解当地金融抑制的现象，提高当地金融深化程度，促进当地经济发展。

对于第三类地区资产管理公司可以定位于提供接受不良贷款委托处置以及投资银行类业务。第三类地区金融发展水平比较高，地方金融生态环境也比较好，金融深化程度也很高，所以从银行不良贷款率来看都相对较低。但是，由于银行业资产总量和贷款总量绝对数比较大，所以尽管不良贷款率比较低，不良贷款余额的绝对数也还是比较大，如北京、上海和浙江 2006 年不良贷款余额分别为 490 亿、432 亿元和 236 亿元，天津 2006 年为 227 亿元，相对 2005 年增加了 13 亿元。在这些地区银行业经营分工和专业化的程度也要高于其他地区，因此，尽管不良贷款率低，但由于绝对数相对较大，这些地区银行业仍然有将不良贷款转移至专业化的资产管理公司处置的需求，以取得分工经济的好处。此外，在这些地区经济也比较活跃，不良贷款二级市场也比较发达，资产管理可以借助不良贷款二级市场进一步拓展企业重组、债务整合、贷款经纪乃至证券发行承销等投资银行类业务。

三、行业定位

从中国银行业所面临的不良贷款反弹压力来看，基础设施行业、房地产业以及煤、电、铝等近年来产能过剩行业应当是资产管理公司下一步重点关注的行业。根据本书第四章的讨论，始于 1994 年的分税制改革，强化了地方财政对营业税和土地转让收入的倚重，使得地方政府行为由发展本地企业转移到以土地开发为主的城市化上面来。在本书理论框架下，地方政府行为方式的转变，也意味着银行贷款风险来源的转化，不良贷款将向城市基础设施、建筑业和房地产业等与城市化相关的行业集中，而我国银行业的信贷结构也反映了这一趋向。

近年来，我国银行业信贷的行业分布明显地出现向城市化相关领域集中的趋向。根据中国人民银行《2006年中国区域金融运行报告》，2006年中国全部银行机构新增人民币贷款中，中长期贷款占比高达62%，而新增短期贷款所占份额只有35%。从信贷投放行业上看，信贷投放主要集中于基础设施行业（交通运输、仓储和邮政业，电力、燃气及水的生产和供应业，水利、环境和公共设施管理业）、房地产业和制造业等行业，见表6-5。其中，中部、西部和东北地区采矿业贷款增长最快，东部地区制造业贷款增长最快。从新增贷款地区分布上看，东部和东北地区贷款增量中制造业、交通运输业、房地产业排名前三位；中部地区新增贷款中制造业、交通运输业和采矿业贷款在前三位；西部地区贷款增量居前三位的分别是电力、燃气及水的生产和供应业、交通运输业、房地产业。各地区新增贷款趋势与全国基本一致。

表6-5　2006年重点监测行业贷款余额增长率　　　　单位：%

	东部	中部	西部	东北	全国
采矿业	7.9	46.8	95.5	77.5	34.0
制造业	47.8	12.7	20.0	20.4	41.9
电力、燃气及水的生产和供应业	33.9	6.1	46.4	8.9	38.5
交通运输业	40.3	25.8	46.3	27.1	42.5
信息传输、计算机服务和软件业	-6.4	-23.4	8.1	—11.8	—6.2
房地产业	35.2	22.9	67.3	29.1	40.8

数据来源：中国人民银行《2006年中国区域金融运行报告》。

对局部地区产能过剩行业信贷风险的调查也表明，随着我国产能调整和企业整合为主的宏观调控措施的出台，在一些产能过剩行业可能再次造成银信贷资产质量下降甚至贷款悬空。以山西省为例，山西省是典型的资源型经济区域，煤炭、焦炭、冶金、电力是山西省的前四大支柱产业，而近年来这些行业产能过剩的趋势较为明显。根据《2006年山西省金融运行报告》，在这些产能过剩的行业银行贷款近年来呈现出行业贷款占比高、贷款增长快、贷款形式主要为信用贷款的特点。随着行业产能过剩的显现，潜在不良贷款已开始逐步显露。截至 2006 年 6 月末，山西省这四大行业贷款余额为 1695.06 亿元，据不完全测算，将有可能形成的不良贷款大约有 116.9 亿元。

　　总之，在银行主导型的融资结构在近期内难于发生根本性变化的情况下，我国经济波动的风险仍然将集中在银行体系当中。而分税制改革使得地方政府的关注点转向了城市化，也将使得银行业不良贷款反弹压力向房地产、基础设施建设等与城市化相关的领域集中。如本书第四章第三节讨论所表明的，初步匡算我国房地产行业的潜在不良贷款风险约为 1.1 万亿元。这意味着，为充分发挥自己的专业优势，资产管理公司有必要重点关注基础设施行业、房地产业以及近年来出现产能过剩的行业，培养相关领域的专门人才，比如在公司内部注意培养一些不动产领域的专家型人才，以提高公司在未来不良资产处置市场中的核心竞争力。

第七章 结束语

本报告讨论了中国银行业已显现出来的不良贷款的历史成因，并以此为基础讨论了中国银行业不良贷款的未来趋势，以及下一步处置不良贷款的选择，就金融资产管理公司下一步在不良贷款市场的定位给出了相应的建议。本报告的讨论是围绕导论中三个问题而展开的，笔者希望通过本报告各章的分析，可以对这些问题给出比较满意的回答，或者说可以比较深入地理解这些问题。与导论中提出问题的顺序相对应，本章的总结也从第一个问题开始。

一、不良贷款的历史成因与不良贷款的未来趋向

本报告的第一个问题是，中国银行业巨额不良贷款形成的原因是什么？在可预见的 3 至 5 年内，中国银行业不良贷款会呈现什么样的趋势？

根据本报告前面章节的讨论，银行业的不良贷款大体上可以分为两种不同的类别，一类是商业银行经营所无法消除的不良贷款，是商业银行从事存、贷经营活动的副产品。这种银行经营本身所无法消除的不良贷款率大约在 5% 以内，这部分不良贷款是商业银行所有人和银行监管者都可以接受的，也是银行风险控制技术和能力的极限；另一类则是通过提高商业银行风险控制技术、改善商业银行经营环境可以降低的不良贷款部分，与前面无法消除的不良贷款相比，这部分不良贷款具有很大程度上的刚性、故意性和事先可知性，带有更多的制度特征，不妨称之为"制度性不良贷款"。截止到 2006 年，中国银行业系统产生的这种"制度性不良贷款"约为 3 万亿元，也就是说大约有 70%～80% 的不良贷款需要用经济环境或者说银行的外部因素来加以解释。对于"无法消除的不良贷款"，在与银行风险管理和金融脆弱性理论相关的文献中已经给出了一些比较令人信服的解释。但是，关于中国银行业巨额

"制度性不良贷款"的生成机制，人们的认识并不一致。有的认为是银行主导型的融资结构加经济周期所致，有的则认为是国家控制下的"金融财政化"所致，而有的则把银行不良贷款归之于经济转转型的成本。本报告认为，基于财政分权和地方政府行为的视角，中国巨额的"制度性不良贷款"可以放在中国经济转型这一大的历史背景下加以理解和分析。

我国在计划经济体制下，由于信息和激励的原因导致生产效率不断下降，而计划经济本身又要求实行统收统支的财政体制，这样，生产效率低下使得一方面政府财源出现萎缩，另一方面为保持同样的产出政府需要投入更多的经济资源，两方面的原因直接导致了巨大的国家财政压力。在意识形态的限制下，中央政府不可能通过直接放弃对经济建设的投入，实行经济自由化来减轻财政压力。而计划经济体制时期，试图解决信息和激励问题的改革努力，以及中国以农业为基础的经济结构，使得中国形成了多层级、多地区的政府组织架构。中央政府在巨大的财政压力下，面对意识形态的约束，在改革目标的不确定以及多层级、多地区政府管理架构的现实条件下，便选择了向地方政府转移财政压力，走上财政分权之路，但同时为维护中央政府的控制能力，保持了中央政府的政治集权。而由于各地区资源要素禀赋不同，计划经济时期重工业优先发展战略导致各地区所形成的轻重工业比重、产业结构也不相同，这使得中央政府对不同地区的地方政府采取了不完全一致的财政分权形式，而且随着改革的进行，财政分权形式也被不断调整。这样，不同的财政分权形式和不同的经济结构就对地方政府形成了不同的行为激励和约束机制，进而导致了地方政府行为的差异，出现"强化市场型""勾结型"和"掠夺型"地方政府行为的分别。而政治集权下，使得立法总是滞后于中国经济转型的需要，立法滞后使得投资者产权的保护更加依赖于行政决策机制，再加上政治集权下中央政府为加强对社会资源的汲取能力，通过银行来实现其政治目标，比如提供就业、企业补贴、调节地区差距等，这导致了中国政府对银行的所有权，以及银行主导型的间接融资结构体系。其结果是中国的财政分权使得一方面计划经济体制的约束在地方政府层面不断被突破，使得中国经济在实现转型的同时，得以保持稳定而快速的增长；另一方面不同地区、不同时期地方政府行为的差异也使得中国不同区域的经济转型路径呈现出明显的不同，不同地区市场化进程不一致，经济转型也表现出试点、增量、双轨制等特征。同时，在银行主导型的间接融资结构体系下，在"强化市场型地方政府"主导的地区，使得经济周期和经济结构调整的代价积累在银行系统，形成大量的因经济波动而导致的不良贷款；而在"勾结型地方政府"主导的地区，地方政府倾向于通过干预全国性商业银行的本地支行的经营，将其作为本地区的第二财政，使得银行对国有企业的贷款约束软化，从而形成因"金融财政化"而导致的不良贷款；在"掠夺型地方政府"主导的地区，全国性以集权制为特征的商业银行的理性选择是减少贷款，从而导致该地区出现金融压抑的特征，中央政府出于平衡地区发展的考虑，便干预银行在当地的经营，导致因政策性的因素和金融压抑的因素所带来的不良贷款。

上述关于中国"制度性不良贷款"形成原因的解释框架，下列几点是值得特别强调的。

首先，尽管已经有越来越多的人注意到了中国财政分权以及地方政府行为对中国经济转型所具有的意义，但是这些研究并没有对财政分权以及各地区地方政府行为的差异对金融部门的影响却都给予足够的重视。本报告充分强调了财政分权、地方政府行为的差异与中国"制度性不良贷款"之间的内在联系，以对中国不良贷款的地区差异这一典型事实给出有效解释。事实上，在计划经济向市场经济转型的过程中，财政和金融作为政府影响社会资源配置的两个主要渠道，当财政分权改变中央和地方政府财政能力的时候，将不可避免的会导致其施加于金融部门的行为方式发生改变。而地方政府间财政能力的差异，也会使得它们干预金融部门的行为出现差异。金融部门本身也会因各地区经济结构、财政能力的差异而实施不同的经营方式。当财政分权和地区经济结构使得地方政府行为出现"强化市场型""勾结型"和"掠夺型"分别时，便会出现在"强化市场型地方政府"主导的地区形成大量的因经济波动而导致的不良贷款；在"勾结型地方政府"主导的地区形成因"金融财政化"而导致的不良贷款；而在"掠夺型地方政府"主导的地区则会出现因政策性的因素和金融压抑的因素所带来的不良贷款。

其次，根据上述理论框架，国有银行主导型的融资结构体系是中国银行业不良贷款出现成因地区差异化的另一个重要原因，对于中国之所以形成国有银行主导型的融资结构体系本报告第二章给出的解释是，发端于计划体制的经济体系本身就缺乏对投资者权益的保护，政治集权使得立法以及法律的执行总是滞后于中国经济转型的需要，这两者使得投资者产权的保护更加依赖于行政决策机制；而在具有集体主义传统的社会中，政府拥有和控制银行相对于私人银行在动员储蓄和贷款项目选择方面又具有比较优势；再加上政治集权下中央政府有动力通过银行来实现其政治目标，这三个因素导致了政府对银行的所有权。一旦政府控制了银行所有权，并且使银行取了融资的垄断地位以后，银行本身、中央政府、地方政府、国有企业四个利益主体都将缺乏对银行政企合一改革的动力，这使得政府主导的、以银行为主体的融资结构在中国的经济转型过程中一直得以持续，直到由于中国加入 WTO，国外金融机构的进入，外部竞争的压力才使得中国金融业克服既得利益者的阻碍，走向实质性改革之路。

最后，尽管上述分析框架是在观察中国经济转型的诸多事实基础上提炼而成，但这一框架对中国银行业巨额制度性不良贷款成因的解释力仍然是有待于检验的。为此，本报告第三章首先沿着这一分析框架的逻辑，推导出了三个理论假说，即"不同银行的地理趋同性假说和同一银行的地理趋异性假说""经济波动相关性差异假说"和"财政自给率负相关假说"。然后，利用1999 年中国工商银行剥离出来的债权类资产和根据公开资料整理的 2005 年各省市不良贷款率等相关数据进行检验表明：①除了不同银行不良贷款的地理趋同性特征外，即使是同一家银行，其在不同地区的不良贷款的行业分布、企业性质分布也表现出了显著的差异；②各省市的财政自给率与不良贷款率之间存在显著的负相关性，财政自给率越高的地区不良贷款率越低；③总体上各省市的经济波动率与不良贷款率之间是负相关的，表明中国各省市可能存在以资金配置效率损失为代价来确保本地区经济稳定增长的可能性，而分组回归分析表明各地区银行业不良贷款率与经济增长波动之间存在不同的相关性。实证检验结果总体上支持了本报告的理论框架的理论预期。

根据本报告提出的理论框架，中国银行业不良贷款率的降低，不能仅仅依赖于中国金融体系的改革，还必须要进一步改革中国的财政分权制度，完善分税制，提高地方财政自给率，实现地方政府行为的转变，同时资本市场等直接融资渠道的发展也将有助于中国银行业的不良贷款的降低。在这一分析框架的基础上，报告第四章就中国不良贷款的未来趋向做了一个分析性的预测。

　　首先，从总量上看，中国银行业在未来几年内将仍然面临较大的不良贷款反弹压力。其原因：一是银行主导型的融资结构在近期内难于发生根本性的变化，使得经济波动的风险仍然将集中在银行体系当中；二是在国有商业银行基本行为模式转变有待时日的情况下，由于地方财政自给率仍然维持在较低水平，地方政府将仍然有动力去干预银行的经营；三是由于地方财政自给率差异在缩小，并且分税制改革使得地方政府的关注点转向了城市化，使得银行业不良贷款反弹压力区域差异缩小，而行业向房地产、基础设施建设，比如公路建设等与城市化相关的领域集中。当然，随着国家财政汲取能力的稳步上升和中央财政能力的增强，中央政府为平衡地区差异而干预银行贷款的动机已经越来越弱了，而致力于城市化的地方政府直接干预银行向企业贷款的动机也将减弱，这使得银行体系当中"金融财政化的不良贷款"和"政策性不良贷款"都将下降。

　　其次，从主要银行的资产状况来看，工行、建行和中行将仍然面临较大的不良贷款反弹压力。目前这三家银行关注类贷款比例仍然相对较高，而且近年来贷款规模扩张较快，过去一年中实际自我消化不良贷款的量并不大，再加上不良贷款拨备覆盖率相对而言还是比较低，一旦经济增速减缓以及部分行业出现产能过剩，这三家银行潜在的不良贷款风险就有可能显著。而正在改革进行中的中国农业银行除非再次实行不良贷款的政策性的剥离，依靠其身是无法消化高达 7000 亿元以上的不良贷款的。

　　最后，从行业分布来看，我国银行业的未来不良贷款可能会向房地产、基础设施建设等与城市化相关的领域集中。世界发达市场经济国家银行危机的历史经验表明，银行的经营状况和资产质量往往与房地产业的繁荣和萧条密切相关。我国始于 1994 年的分税制改革使得地方政府行为从关注工业化转向了致力于促进城市化，从而使得银行业不良贷款反弹压力也向房地产、基础设施建设等与城市化相关的领域集中。中国央行 2007 年 6 月发布的《2006年中国区域金融运行报告》也表明，2006 年全国各地区的信贷投放主要集中于基础设施行业（交通运输、仓储和邮政业，电力、燃气及水的生产和供应业，水利、环境和公共设施管理业）、房地产业和制造业等行业。据有关报告初步匡算，目前我国房地产行业的潜在不良贷款风险约为 1.1 万亿元。

　　就中国"制度性不良贷款"的历史成因给出了相应的理论解释，并据此讨论了中国银行业不良贷款的未来趋势，分析表明中国银行业在未来几年内将仍然面临较大的不良贷款反弹压力。这就涉及了本书导论中的第二个问题，即中国银行业下一步可以选择什么样的方式来处置这些不良贷款，哪些因素会影响其处置方式的选择？

二、中国银行业下一步处置不良贷款的选择

报告第五章对导论中的第二个问题进行了探讨。第五章首先考察了国内外银行业处置不良资产的经验与实践，并就目前我国银行业处置、出售不良贷款面临的法律障碍及未来立法方向进行了探讨，然后沿着分工经济和专业化的思路讨论了银行处置不良贷款的可行选择。

综观世界其他国家处置银行不良资产的主要做法及经验教训，主动、及时地促使银行清理重组不良资产，通过专门机构、专业化运作，并尽可能运用市场化的手段将有利于银行业大规模不良资产的化解和处置。而这些都需要有效的立法支持、政策配套和制度创新。但是，在我国，银行自主处置不良资产，特别是通过市场化方式将不良资产出售给资产管理公司，或者剥离给自己附属的专门处置机构，还存在诸多法律障碍，因此我国加紧为不良资产处置立法显得尤为必要。

为不良资产处置立法面临是专门针对资产管理公司立法，还是针对不良资产处置这一行为本身立法的问题。本报告认为，随着不良资产来源日趋多元化和金融资产管理公司的市场化转型，针对不良资产处置这一行为本身，把金融资产管理公司的定位置于不良资产处置立法当中，而不是针对银行或金融资产管理公司专门立法，将更加有利于银行不良资产处置效率的提高。一是有利于形成一个公平的市场环境；二是有利于处置法律法规的完整配套，减少法律之间的冲突和法规空白；三是能够使得立法针对不良资产处置的特性和要求量身定做；四是有利于不良资产处置的创新；最后，国外的立法经验也表明，针对不良资产处置本身立法，把金融资产管理公司的特殊定位置于不良资产处置立法当中是一种更高效的做法。

大体上，银行管理、处置其不良贷款有四种选择：一是在现有结构内进行管理；二是创建或与资产管理公司合资建立一个专业化的附属机构或子公司进行专业化管理；三是将不良贷款出售给银行外部的市场化的资产管理公

司来进行处置；最后一种就是在银行面临危机时，政府干预，通过设立集权化的政策性资产管理公司，将银行不良资产剥离出来进行处置。报告第五章从风险转移程度、专业化程度、内在激励、转移定价、对银行经营的影响等方面对这些选择进行了比较。

沿着分工和专业化的思想，结合我国银行业面临的现实条件，报告指出：我国银行业在未来处置其不良贷款进，将不良贷款转移给附属的资产管理公司，或者市场化的资产管理公司，由其进行专业化的处置将是比较可行的选择。从我国的经济运行的情况来看，政府没有必要再通过行政划拨的方式帮助银行将不良资产剥离至政策性资产管理公司进行处置。鼓励大型商业银行与现有资产管理公司进行产权联合，通过下设资产管理公司来处置不良资产，并允许其收购其他中小银行的不良资产，一方面可以迅速提高银行业的资产质量，使各银行可以集中精力发展银行业务，提高银行在国际市场上的资信，降低融资成本，另一方面可以使资产管理公司有独立的经营权，突破法律对银行处置不良资产的限制，更好地管理不良资产，实现不良资产的分工和专业化处置，强化借款人的信用纪律，实现处置的规模经济。而政府则能够以很低的成本或没有成本，就可以达到稳定银行业的目的。

三、金融资产管理公司在未来不良贷款市场的定位

导论中第三个问题是，给定中国银行业未来的不良贷款处置方式，中国金融资产管理公司未来可以在不良贷款市场上选择什么样的定位？事实上，当我们讨论完我国银行业未来不良贷款处置模式的选择时，在很大程度也就回答了金融资产管理公司的位。报告第六章在前述讨论的基础上，围绕我国金融资产管理公司的现状及其面临的约束条件，进一步探讨了资产管理公司在未来不良资产市场的定位。

首先，可以将我国目前的不良贷款交易市场层次基本划分为一级市场和二级市场。在一级市场中，银行将不良资产剥离、按市场化的方式出售和委托给资产管理公司，然后，资产管理公司再在二级市场中直接面向不良资产投资者出售和处置不良资产。尽管我国不良资产一级市场在政府相关部门的推动下开始了市场化方向的探索，但是，我国不良资产一级市场仍然是非常初步的。考虑到中国不良贷款一级市场发展和金融资产公司的现实状况，一

个可行的选择是，今后国有独资及国有控股银行处置不良资产首先在四家金融资产公司范围内定向招标出售。也就是说，在不良贷款一级市场中，主要参与者是各家银行和四家资产管理公司，银行是不良贷款的供应者，而四家资产管理公司是一级批发商，从一级市场上购得不良贷款后直接面向二级市场和众多的投资者来处置不良贷款。这样将既有助于形成不良资产处置的一级市场，克服银行直接面对二级市场所带来的借款人和地方政府的逆向选择行为，以及银行本身的道德风险问题，也可有效发挥金融资产公司的已经形成的优势。当然，如果大型商业银行与资产管理公司进行产权联合，资产管理公司很自然地将成为母体银行的一级批发商，对于其他中小银行的不良资产处置，则应规定其在资产管理公司内定向招标出售其不良贷款。经过近七年的发展，我国不良贷款二级市场相比较而言要成熟和完善得多，而且也培育了一批潜在的不良资产市场投资者，但在我国不良贷款二级市场中，债权转让、担保权的确认与流转、实物资产处置等都有待于法律法规的进一步完善。总之，资产管理公司作为不良贷款一级市场的投资者，二级市场的供给者，通过金融资产管理公司将一级和二级市场隔离开来，既有利于防范银行不良贷款处置过程中的道德风险和银行所面临的借款人的逆向选择问题，又有利于不良贷款市场价值的挖掘和资产处置的专业化，为不良贷款进行市场定价，在整个不良贷款市场的发展中扮演着极其关键的角色。

其次，从业务重点来看，资产管理公司仍然可以把不良资产处置业务作为主营业务之一，但同时应开拓证券、租赁、信托与不良资产处置密切相关同时又与之形成互补的投资银行类业务。考虑到银行不良资产的产生是非持续性的，是间歇性的，资产管理公司在把不良资产处置业务作为主营业务之一的同时，还必须开拓与不良资产处置密切相关同时又与之形成互补的投资银行类业务，以保证业务和赢利的持续性和收益的稳定性。在经济周期的上升期可以侧重发展投资银行类业务，而在经济周期的下行期，银行风险显现，不良贷款增加，资产管理公司则可以重点从事不良资产处置业务。

再次，区域差异是中国不良贷款市场的一个突出特征，金融资产管理公司有必要根据不良贷款的地区分布特征和金融生态环境的区域差异，选择适当的区域定位。对于银行业不良贷款存量仍然较大，而且整个银行业的盈利状况也比较差的省份，比如东北三省，资产管理公司仍然可以定位为以提供收购、处置银行业不良贷款的服务为主；对于虽然银行业不良贷款存量不大，但是无论是从银行业资产总量，还是融资总量来看，金融深化程度都落后于其他省份的地区，比如河南、内蒙古等地区，资产管理公司可以提供信用增级、为当地经济主体开发各种融资渠道等金融服务；对于金融发展水平比较高，地方金融生态环境也比较好，银行不良贷款率也相对较低的省份，如北京、浙江、上海等地区，资产管理公司可以定位于提供接受不良贷款委托处置以及投资银行类业务。

最后，从行业来看，基础设施行业、房地产业以及近年来产能过剩行业应当是资产管理公司下一步重点关注的行业。在银行主导型的融资结构在近期内难于发生根本性变化的情况下，我国经济波动的风险仍然将集中在银行体系当中。而分税制改革使得地方政府的关注点转向了城市化，也将使得银行业不良贷款反弹压力向房地产、基础设施建设等与城市化相关的领域集中。为充分发挥自己的专业优势，资产管理公司有必要重点关注基础设施行业、房地产业以及近年来出现产能过剩的行业，培养相关领域的专门人才，比如在公司内部注意培养一些不动产领域的专家型人才，以提高公司在未来不良资产处置市场中的核心竞争力。

至此，本报告就完成了对中国银行业不良贷款形成的历史原因、未来趋势、下一步处置模式以及资产管理公司在未来不良贷款市场定位的讨论，但是这并不意味着这一工作已经结束，本报告在诸多方面还有待于进一步的完善。

首先，尽管本报告在中国经济转型的诸多事实基础上提炼了一个解释中国制度性不良贷款的理论分析框架，并利用有关数据进对这一框架的合理性和解释力进行了计量检验，但是，由于受数据可得性的限制，报告所用于检验的数据仅仅一年的不同省份的截面数据。这使得计量分析不能够反映中国经济转型过程中的制度变迁与银行不良贷款之间关系，也使得对中国不良贷款未来趋势的预测分析只能停留在定性的层面上。相信随着中国银行业不良贷款数据的日益公开化、准确性程度的不断提高以及数据的不断积累，本报告的理论框架和分析预测将能够得到进一步的完善和提高。

其次，尽管本报告对中国银行业未来不良贷款处置模式选择的讨论是沿着分业与专业化的思路进行的，认为银行不良资产处置选择将最终取决于由资产管理公司专业化处置所带的收益与不良资产市场交易费用之间的权衡，但是如果能用更为严格的数学模型将这一讨论形式化，将有利于进一步廓清讨论的前提条件，内在逻辑关系，及影响银行选择不良贷款处置模式的具体因素。

最后，本报告只是就金融资产管理公司在未来不良贷款市场的定位做了一个探讨，事实上随着我国四家金融资产管理公司政策性任务的完成，金融资产管理公司下一步的改革涉及如何调整产权结构、如何解决政策性资产处置损失、怎样确定资产管理公司下一步的业务范围、如何调整优化现有机构和人员等方方面面的问题，这显然还有待于系统地探讨和分析。

参 考 文 献

[1] Allen Franklin & Jun Qian & Meijun Qian, 2005, Law, Finance, and Economic Growth in China, Journal of Financial Economics, 77, 57—146.

[2] Allen Franklin & Santomero Anthony M., 1998, The Theory of Financial Intermediation, Journal of Banking and Finance, 21, 1461—1485.

[3] Allen N. Berger, Iftekhar Hasan and Zhou Mingming. 2004: Bank Efficiency, Ownership and Foreign Entry in a Transitional Economy: The Chinese Experience. Working Paper.

[4] Allen, Franklin and Gale, Douglas. 1999. Comparing Financial Systems. Cambridge, MA: MIT Press.

[5] Beck T. & R Levine & N. Loayza, 2000, Finance and the Source of Growth, Journal of Financial Economics, 58(1—2), 261—300.

[6] Beck Thorsten & Asli Demirguc-Kunt & Ross Levine, 2001, Legal Theories of Financial Development, Oxford Review of Economic Politics, 17, 483—501.

[7] Beck Thorsten & Asli Demirguc-Kunt & Ross Levine, 2003a, Law, Endowments, and Finance, Journal of Financial Economics, 70, 137—181.

[8] Beck Thorsten & Asli Demirguc-Kunt & Ross Levine, 2003b, Law and Finance. Why Does Legal Origin Matter? Journal of Comparative Economics, 31, 653—675.

[9] Beck Thorsten & Asli Demirguc-Kunt & Ross Levine, 2003c, Legal Obstacles to External Finance, Universtiy of Minnesota mimeo.

[10] Beck Thorsten & Asli Demirguc-Kunt & Vojislav Maksimovic, 2002, Financial and Legal Constraints to Firm Growth: Does Size Matter? [OL] .http: // www. worldbank. org.

[11] Beck Thorsten & Asli Demirguc-Kunt & Vojislav Maksimovic, 2002, Financial and

Legal Institutions and Firm Size [OL] . http： // www. worldbank. org.

［12］ Bencivenga V. R. & Smith B. D. , 1991, Financial Intermediation and Endogenous Growth, Review of Economic Studies, 58(2, April), 195—209.

［13］ Benhabib Jess & Mark M. Spiegel, 2000, The Role of Financial Development in Growth and Investment, Journal of Economic Growth, 5(December), 341—360.

［14］ Black, Stanley W. and Moersch, Mathias. 1998： "Financial Structure, Investment and Economic Growth in OECD Countries" in Competition and Convergence in Financial Markets： The German and Anglo-American Models, Eds： Stanley W. Black and Mathias Moersch, New York： North-Holland Press, pp. 157—174.

［15］ Cetorelli Nicola & Michele Gambera, 2001, Banking Structure, Finance Dependence and Growth： International Evidence from Industry Data, Journal of Finance, 56 (April), 617—648.

［16］ Daniel Berkowitz & Katharina Pistor & Jean-Francois Richard, 2001, Economic Development, Legality, and the Transplant Effect, William Davidson Working Paper No. 410, September 2001.

［17］ David D. Li, 2001, Beating the Trap of Financial Repression in China, Cato Journal, 21(1), 77—90.

［18］ Demirguc-Kunt Asl & Ross Levine, 1996, Stock Market Development and Financial Intermediaries： Stylized Facts, World Bank Economic Review, 10(2), 291—322.

［19］ Demirguc-Kunt, A. and V. Maksimovic, 1998, Law, Finance and Firm Growth, Journal of Finance, 53(6), 2107—2137.

［20］ Devereux, M. B. & G. W. Smith, 1994, International Risk Sharing and Economic Growth, International Economic Review, 35(4), 535—550.

［21］ Diamond D. W. & Dybvig P. H. , 1983, Bank Runs, Deposit Insurance, and Liquidity, Journal of Political Economy, 91(3), 401—419.

［22］ Franklin Allen and Gale Douglas, 2003： Competition and Financial Stability, World Bank conference paper.

［23］ Frye Timothy and Shleifer Andrei. , 1997, "The Invisible Hand and the Grabbing Hand. " American Economic Review(Papers and Proceedings), 87(2), pp. 354—58.

［24］ Greenwood, J. & B. Jovanovic, 1990, Financial Development, Growth and the Distribution of Income, Journal of Political Economy, 98(5), 1076—1107.

［25］ Gurley, John G. & Edward S. Shaw, 1955, Financial Aspects of Economic Development, American Economic Review, 45(1, January), 145—181.

［26］ Gurley，John G.，Edward S. Shaw，1956，Financial Intermediaries and the Saving-Investment Process，Journal of Finance，11(2，May)，257—276.

［27］ Gurley，John G.，Edward S. Shaw，1960，Money in a Theory of Finance，Washington，D. C.，Brookings Institution.

［28］ Guzman，M.，2000：Bank structure，capital accumulation and growth. Economic Theory 16(2)：421—455.

［29］ Hicks John，1969，A Theory of Economic History，Oxford，U. K.：Clarendon Press.

［30］ Holmstrom Bengt，and Milgrom Paul. 1987："Aggregation and Linearity in the Provision of Intertemporal Incentives". Econometrica Vol. 55 No. 2. 1987，pp. 303—328.

［31］ Holtz-Eakin Douglas & Whitney Newey & Harvey S. Rosen，1988，Estimating Vector Autoregressions with Panel Data，Econometrica，56(November)，1371—1395.

［32］ Jappelli T. & M. Pagano(1994)，Saving，Growth and Liquidity Constraints，Quarterly Journal of Economics，109(1)，83—109.

［33］ Katharina Pistor & Martin Raiser & Stanislaw Gelfer，2000，Law and Finance in Transition Economies，8(2)，325—368.

［34］ King，R. G. & R. Levine，1993b，Finance and Growth：Schumpeter Might Be Right，Quarterly Journal of Economics，108(3)，717—737.

［35］ King，R. G. & R. Levine，1993c，Finance，Enterpreneurship，and Growth：Theory and Evidence，Journal of Monetary Economics，32，513—542.

［36］ La Porta Rafael & F. Lopez-de-Silanes & A. Shleifer & R. W. Vishny，1997，Legal Determinants of External Finance，Journal of Finance，52，1131—1150.

［37］ La Porta Rafael & F. Lopez-de-Silanes & A. Shleifer & R. W. Vishny，1998，Law and finance，Journal of Political Economy，106(6)，1113—1155.

［38］ La Porta Rafael & F. Lopez-de-Silanes & A. Shleifer & R. W. Vishny，2000a，Investor Protection and Corporation Governance，Journal of Financial Economics，58，3—27.

［39］ La Porta Rafael & Florencio Lopez-de-Silances & Andrei Shleifer，2002，Government Ownership of Banks，Journal of Finance，57(February)，265—301.

［40］ La Porta Rafael & Florencio Lopez-de-Silances & Andrei Shleifer，2002，Investor Protection and Corporate Valuation，Journal of Finance，57，1147—1170.

［41］ La Porta Rafafel，Lopez-De-Silanes Florencio and Andrei Shleifer，2003，"Government Ownership of Banks."，Harvard University mimeo.

[42] Laporta, Rafael; Lopez-de-Silanes, Florencio; Shleifer, Andrei; and Vishny, Robert W. "Law and Finance," Journal of Political Economy, 1998, 106(6), pp. 1113—1155.

[43] Laporta, Rafael; Lopez-de-Silanes, Florencio; Shleifer, Andrei; and Vishny, Robert W. "Investor Protection and Corporate Governance," mimeo, 1999.

[44] Laporta, Rafael; Lopez-de-Silanes, Florencio; Shleifer, Andrei; and Vishny, Robert W. "Legal Determinants of External Finance," Journal of Finance, July 1997, 52 (3), pp. 1131—1150.

[45] Levine R., 1991, Stock Markets, Growth and Tax Policy, Journal of Finance, 46 (4), 1445—1465.

[46] Levine R., 1997, Financial Development and Economic Growth: Views and Agenda, Journal of Economic Literature, Vol. XXXV(June), 688—726.

[47] Levine R., 1998, The Legal Environment, Banks and Long-run Economic Growth, Journal of Money, Credit and Banking, 30(3), 596—613.

[48] Levine R., 1999, Law, Finance and Economic Growth, Journal of Financial Intermediation, 8, 8—35.

[49] Levine Ross & Norman Loayza & Thorsten Beck, 2000, Financial Intermediation and Growth: Causality and Causes, Journal of Monetary Economics, 46 (August), 31—77.

[50] Levine Ross, 2002, Bank-based or Market-based Financial Systems: Which Is Better?, Journal of Financial Intermediation, 11(October), 398—428.

[51] Levine Ross, 2003, More on Finance and Growth: More Finance, More Growth?, Federal Reserve Bank of St. Louis Review, 85(4): 31—46.

[52] Levine R. & S. Zervos, 1998, Stock Markets, Banks and Economic Growth, American Economic Review, 88(3), 537—558.

[53] Luc Laeven, Christopher Woodruff, 2004, The Quality of the Legal System, Firm Ownership, and Firm Size [OL] . http: //www. worldbank. org.

[54] Luitel Kul, and Mosahid Khan, 1999, "A Quantitative Reassessment of the Finance - growth Nexus: Evidence from a Multivariate VAR", Journal of Development Economics, 60(December), 381—405.

[55] Maskin, E., Qian, Y., Xu, C. "Incentives, Information, and Organizational Form" . Review of Economic Studies, 67(2), 2000, pp359—378.

[56] Nicholas Hope and Fred Hu, 2006: "Reforming China's Banking System: How Much

Can Foreign Strategic Investment Help?" in China and India: Learning from Each Other Reforms and Policies for Sustained Growth, Editors: Jahangir Aziz, Steven Dunaway, and Eswar Prasad, International Monetary Fund

[57] Pagano M., 1993a, Financial Markets and Growth, An Overview, European Economic Review, 37, 613—622.

[58] Pagano, M., 1993: Financial markets nad growth: an overview, EER 37: 613—622

[59] Patrick Hugh T., 1966, Financial Development and Economic Growth in Underdeveloped Countries, Economic Development and Cultural Change, 14 (2, January), 174—189.

[60] Podpiera Richard, 2006: Progress in China's Banking Sector Reform: Has Bank Behavior Changed? IMF Reserach Working Paper WP/06/71, March 2006.

[61] Qian Yingyi and Roland Gérard. "Federalism and the Soft Budget Constraint". American Economic Review 88(5), December 1998, pp. 1143—1162.

[62] Qian Yingyi and Weingast R. Barry. "China's Transition to Markets: Market-Preserving Federalism, Chinese Style". Journal of Policy Reform, 1, 1996, pp. 149—185.

[63] Rajan R. G. & L. Zingales, 1998, Financial Dependence and Growth, American Economic Review, 88(3), 559—586.

[64] Robert Cull, Lixin Colin Xu, 2005, Institutions, Ownership, and Finance: the Determinants of Profit Reinvestment among Chinese Firms, Journal of Financial Economics, 77, 117—146.

[65] Romer P. M. 1986, Increasing Returns and Long-run Growth, Journal of Political Economy, 94(5), 1002—1037.

[66] Ross Levine, 2000: Bank-Based or Market-Based Financial Systems: Which is Better? Working paper.

[67] Roubini N. & X. Sala-i-Martin, 1995, A Growth Model of Inflation, Tax Evasion and Financial Repression, Journal of Monetary Economics, 35(2), 275—301.

[68] Rousseau Peter L. & Paul Wachtel, 2000, Equity Markets and Growth: Cross Country Evidence on Timing and Outcomes, 1980—1995, Journal of Banking and Finance, 24(December), 1933—1957.

[69] Saint-Paul G., 1992, Technological Choice, Financial Markets and Economic Development". European Economic Review, 36(4), 763—781.

[70] Sato Motohiro. "Tax competition, rent-seeking and fiscal decentralization", European

Economic Review 47, 2003, pp. 19—40.

[71] Schumpeter Joseph, 1939, Business Cycles: A Theoretical, Historical, and Statistical Analysis of the Capitalist Process. , New York: McGraw-Hill.

[72] Shan Jordan Z. & Alan G. Morris & Fiona Sun, 2001, Financial Development and Economic Growth: An Egg and Chicken Problem?, Review of International Economics, 9(August), 443—454.

[73] Shleifer, Andrei, 1998: State versus private ownership, Journal of Economic Perspectives 12, 133—150.

[74] Solow R. M. , 1956, A Contribution to the Theory of Economic Growth, Quarterly Journal of Economics, 70(1, February), 803—807.

[75] Stigler J. George. , 1971, "The Theory of Economic Regulation", The Bell Journal of Economics and Management Science, Vol. 2 No. 1, pp. 3—21.

[76] Stiglitz, Joseph E. "Credit Markets and the Control of Capital," Journal of Money, Credit and Banking, May 1985, 17(2), pp. 133—52.

[77] Tapen Sinha, 2001, The Role of Financial Intermediation in Economic Growth: Schumpeter Revisited, in Economic Theory in the Light of Schumpeter's Scientific Heritage, Spellbound Publishers, Rohtak, India.

[78] Wachtel Paul, 2001, Growth and Finance: What Do We Know and How Do We Know It?, International Finance, 4(winter), 335—362.

[79] Wachtel Paul, 2003, How Much Do We Really Know about Growth and Finance?, Economic Review-Federal Reserve Bank of Atlanta, First Quarter, 33—47.

[80] Weingast R. Barry. 1995: "The Economic Role of Political Institution: Market-Preserving Federalism and Economic Development" . Journal of Law, Economics, & Organization, Vol. 11, No. 1, Apr. , 1995, pp. 1—31.

[81] Weingast R. Barry. 1997: "The Political Foundations of Democracy and the Rule of Law" . The American Political Science Review, Vol. 91, No. 2, Jun. , 1997, pp. 245—263.

[82] Yin Xiaopeng. 2003: "Regional Integration in China: Incentive, Pattern, and Growth" . Mimeo, Hong Kong meeting in Economic Demography, 2003.

[83] Young Alwyn. 2000: "The Razor's Edge: Distortions and Incremental Reform in the People Republic of China," Quarterly Journal of Economics, Vol. CXV, Nov 2000, pp. 1091—1135.

[84] Zhang Tao and Zou Heng-fu. 1996: "Fiscal Decentralization, Public Spending, and

Economic Growth in China". The World Bank Policy Research Working Paper 1608，1996.

[85] [比] 热若尔·罗兰.《转型与经济学》（中译本）[M].张帆，潘佐红译.北京：北京大学出版社，2002.

[86] [荷] 尼尔斯·赫米斯，罗伯特·伦辛克.金融发展与经济增长——发展中国家（地区）的理论与经验[M].余昌淼等译.北京：经济科学出版社，2001.

[87] [美] 戴维·罗默.高级宏观经济学[M].苏剑等译.北京：商务印书馆，2003.

[88] [美] 菲利普·阿吉翁，彼得·霍依特.内生增长理论[M].陶然等译.北京：北京大学出版社，2004.

[89] [美] 雷蒙德·W.戈德史密斯.金融结构与金融发展[M].周朔等译.上海：上海三联书店，1990.

[90] [美] 罗伯特·J.巴罗，哈维尔·萨拉伊马丁.经济增长[M].何晖等译.北京：中国社会科学出版社，2000.

[91] [美] 曼瑟·奥尔森.权力与繁荣（中译本）[M].苏长和，嵇飞译.上海：上海人民出版社，2005.

[92] [美] 威廉·H.格林.经济计量分析[M].王明舰，王永宏译.北京：中国社会科学出版社，1999.

[93] [美] 约瑟夫·熊比特.经济发展理论——对于利润、资本、信贷、利息和经济周期的考察[M].何畏等译.北京：商务印书馆，1991.

[94] 陈滨，李晨.不良资产的买方市场究竟有多大[J].中国金融，2004(12).

[95] 陈杰.中国金融深化进程中的效率分析[J].重庆工商大学学报，2005(1).

[96] 陈抗，Arye L. Hilllman，顾清扬.财政集权与地方政府行为变化——从援助之手到攫取之手[J].经济学（季刊），2002：2(1).

[97] 高鹤.中国经济转型：基于财政分权和地方政府行为的理论解释和经验分析[D].北京：中国社会科学院研究生院博士学位论文，2005.

[98] 高鹤.财政分权、经济结构与地方政府行为：一个中国经济转型的理论框架[J].世界经济，2006(10).

[99] 高鹤.中国不良贷款的形成：一个基于中国经济转型的分析[J].财经科学，2006(12).

[100] 高洪星，杨大勇.经济转型时期的不良贷款与政策性贷款研究[J].财贸经济，2000(10).

[101] 郭雳.银行系统不良资产处置中的法律困境及其改善[J].比较，2007(28).

[102] 韩廷春.金融发展与经济增长——理论、实证与政策[M].北京：清华大学出版社，2002.

[103] 何梦笔．政府竞争：大国体制转型理论的分析范式[A]．陈凌译．天则内部文稿系列[C]．2001(1)．

[104] 洪修文．法律制度、金融发展与经济转轨[J]．求索，2005(9)：11—14．

[105] 洪修文．法律制度与金融中介的发展：国际经验及借鉴意义[J]．当代财经，2005(6)：35—40．

[106] 胡冰星．银行不良贷款的通货膨胀效应分析[J]．复旦学报（社会科学版），1997(4)：36—43．

[107] 姜波，朱志强．金融资产管理公司商业化[J]．浙江金融，2006(4)．

[108] 李德．银行业处置不良资产的思路和途径[J]．金融研究，2004(3)．

[109] 李海平．我国不良资产市场的发展趋势分析[J]．金融参考，2006(20)．

[110] 李洪江，尹宏波．金融资产管理公司的激励与约束机制——兼论金融资产管理公司的改革[J]．金融与保险，2006(12)．

[111] 李健．论国有商业银行的双重功能与不良资产的双重成因[J]．财贸经济，2005(1)．

[112] 李双．我国商业银行不良贷款的外生性研究[J]．广东社会科学，2005(2)：23—28．

[113] 李扬，王国刚，刘煜辉．中国城市金融生态环境评价[M]．北京：人民出版社，2005．

[114] 林毅夫，李永军．中小金融机构发展与中小企业融资[J]．经济研究，2001(1)．

[115] 刘汉屏，刘锡田．地方政府竞争：分权、公共物品与制度创新[J]．改革，2003(6)．

[116] 刘伟，黄桂田．中国银行业改革的侧重点：产权结构还是市场结构[J]．经济研究，2002(8)．

[117] 刘学东，刘燕平．金融风险防范问题分析——关于信贷资产风险成因与防范[J]．北京大学学报（国内访问学者、进修教师论文专刊），2000：67—88．

[118] 卢峰，姚洋．金融压抑下的法治、金融发展和经济增长[J]．中国社会科学，2004(1)：42—55．

[119] 陆磊，李世宏．中央—地方—国有银行—公众博弈：国有独资商业银行改革的基本逻辑[J]．经济研究，2004(10)．

[120] 吕劲松．完善金融资产管理公司运行机制的探讨[J]．金融研究，2005(7)．

[121] 毛瑞宁．存量与增量：商业银行不良贷款的动态学分析[J]．金融研究，2002(6)：131—136．

[122] 聂庆平．我国银行不良贷款与银行改革政策的建议[J]．经济科学，2002(3)：22—31．

[123] 平新乔．财政蛋糕的三种不同做法[N]．南方周末，2006．

[124] 普华永道会计师事务所．2004 年中国不良资产投资者调查[J]．证券市场周刊，

2005(1)．

[125] 普华永道会计师事务所．2006年中国不良资产投资者调查[R].工作报告，2007.

[126] 钱颖一，许成钢．中国的经济改革为什么与众不同——M型的层级制和非国有部门的进入与扩张[A].钱颖一.现代经济学与中国经济改革[C].北京：中国人民大学出版社，1993.

[127] 秦朵，宋海岩．改革中的过度投资需求和效率损失——中国分省固定资产投资案例分析[J].经济学（季刊），2003：2(4)．

[128] 人民银行成都分行课题组．地区经济增长与地区不良资产变动的数量关系分析——对四川省的实证研究[J].西南金融，2004(6)：5—7.

[129] 沈立人，戴园晨．我国"诸侯经济"的形成及其弊端和根源[J].经济研究，1990(3)．

[130] 沈梅．对国有商业银行不良贷款成因的制度分析[J].武汉金融，2002(10)：23—25.

[131] 施超兵．经济发展中的货币与金融——若干金融发展模型研究[M].上海：上海财经大学出版社，1997.

[132] 施华强．中国国有商业银行不良贷款内生性：一个基于双重软预算约束的分析框架[J].金融研究，2004(6)：1—16.

[133] 施华强．国有商业银行账面不良资产、调整因素和严重程度：1994—2004[J].金融研究，2005(12)．

[134] 谈儒勇．金融发展理论与中国金融发展[M].北京：中国经济出版社，2000.

[135] 谈儒勇．金融发展与经济增长：文献综述及对中国的启示[J].当代财经，2004(12)：43—47.

[136] 谈儒勇，吴兴奎．我国各地金融发展差异的司法解释[J].财贸经济，2005(12)：14—17.

[137] 唐双宁．中国银行业改革的历史回顾与展望[R].《财经》年会："世界·中国2005"会议上的发言，2005.

[138] 王利华．关于金融资产管理公司商业化转型的思考[R].内部工作报告，2007.

[139] 王绍光．分权的底限[M].北京：中国计划出版社，1997.

[140] 王小鲁，樊纲．中国地区差距的变动趋势和影响因素[J].经济研究，2004(1)．

[141] 吴晓求，赵锡军，瞿强．市场主导与银行主导：金融体系在中国的一种比较研究[M].北京：中国人民大学出版社，2006.

[142] 肖国新，周杰．不良贷款的另一种成因[J].金融与经济，2001(12)：67—68.

[143] 谢平，陈荣．关于国有商业银行不良贷款成因及化解的理论综述[Z].工作论文，2003.

[144] 谢平，李德．我国金融资产管理公司运行中的困难、成效和发展前景[J]．比较，2003(9)．

[145] 谢平，张怀清．融资结构、不良资产与中国 M2/GDP[J]．经济研究，2007(2)．

[146] 信达资产管理公司．中国银行业不良资产成因及对策研究概要[EB/OL]．信达公司网站，2005．

[147] 杨瑞龙．我国制度变迁方式转换的三阶段论——兼论地方政府的制度创新行为[J]．经济研究，1998(1)．

[148] 杨瑞龙，杨其静．阶梯式的渐进制度变迁模型——再论地方政府在我国制度变迁中的作用[J]．经济研究，2000(3)．

[149] 杨小凯．经济学原理[M]．北京：中国社会科学出版社，1998．

[150] 杨小凯，黄有光．专业化与经济组织——一种新兴古典微观经济学框架[M]．张玉纲译．北京：经济科学出版社，1999．

[151] 姚洋，杨雷．制度供给失衡和中国财政分权的后果[J]．战略与管理，2003(3)．

[152] 易纲．银行不良资产率呈地域特征[J]．天则评论，2005(3)．

[153] 易纲，吴有昌．货币银行学[M]．上海：上海世纪出版集团，上海人民出版社，1999．

[154] 易宪容．国内银行不良贷款原因新解释[N]．中国经济时报，2003-3-19．

[155] 曾康霖，余保福．法律与金融发展[J]．经济学动态，2005(6)：72—77．

[156] 詹向阳．银行改革发展中的几个问题[EB/OL]．http：//ifb．cass．cn/show _ News．asp? id＝667，2003．

[157] 张春霖．银行重组和企业重组的国际经验[J]．改革，1999(3)．

[158] 张杰．中国国有银行的资本金谜团[J]．经济研究，2003(1)．

[159] 张杰．经济变迁中的金融中介与国有银行[M]．北京：中国人民大学出版社，2003．

[160] 张杰．中国金融制度的结构与变迁[M]．太原：山西经济出版社，1998．

[161] 张杰．转轨经济中的金融中介及其演进[J]．管理世界，2001(5)．

[162] 张森．银行不良贷款率与经济状况[J]．上海统计，2002(11)：34—35．

[163] 张谦．我国银行不良贷款的转轨性质及其界定标准[J]．金融研究，1997(10)：7—14．

[164] 张维迎，粟树和．地区间竞争与中国国有企业的民营化[J]．经济研究，1998(12)．

[165] 张新．中国经济的增长和价值创造[M]．上海：上海三联书店，2003．

[166] 张新．政府应注资解决证券市场不良资产[N]．证券时报，2004-1-12．

[167] 张宇燕，何帆．由财政压力引起的制度变迁[A]．盛洪、张宇燕．从计划经济到市场经济[C]．北京：中国财政经济出版社，1998．

［168］中国人民银行货币政策分析小组．2006 年中国区域金融运行报告（《中国货币政策执行报告》增刊）［EB/OL］．中国人民银行网站，2007.

［169］中国人民银行货币政策分析小组．2005 年中国区域金融运行报告（《中国货币政策执行报告》增刊）［EB/OL］．中国人民银行网站，2006.

［170］中国人民银行天水市中心支行课题组．欠发达地区国有商业银行不良贷款化解难问题研究［J］.金融研究，2002(5)：113—121.

［171］中国社会科学院经济研究所宏观经济管理课题组．对投资体制改革的回顾与思考［J］.经济研究，1987(5)．

［172］周立．中国各地区金融发展与经济增长（1978—2000）［M］.北京：清华大学出版社，2004.

［173］周小川．重建与再生——化解银行不良资产的国际经验［M］.北京：中国金融出版社，1999.

［174］朱恒鹏．地区间竞争、财政自给率和公有制企业民营化［J］.经济研究，2004(10)．

［175］朱闰龙．金融发展与经济增长文献综述［J］.世界经济文汇，2004(6)．